하루 만에 목소리가 좋아지는 책

하루 만에 목소리가 좋아지는 책

초판 1쇄 인쇄 | 2017년 12월 5일
초판 1쇄 발행 | 2017년 12월 15일

지은이 | 박은주
펴낸이 | 황인욱
펴낸곳 | 도서출판 오래
　　　　04091 서울시 마포구 토정로 222, 406호(신수동, 한국출판콘텐츠센터)
　　　　전화 02-797-8786, 8787, 070-4109-9966
　　　　팩스 02-797-9911
　　　　이메일 orebook@naver.com
　　　　홈페이지 www.orebook.com
　　　　출판등록 제2016-000355호

ISBN 979-11-5829-037-5 03320

값 13,000원

이 도서의 국립중앙도서관 출판예정도서목록(CIP)은 서지정보유통지원시스템 홈페이지(http://seoji.nl.go.kr)와
국가자료공동목록시스템(http://www.nl.go.kr/kolisnet)에서 이용하실 수 있습니다.(CIP제어번호: CIP2017030875)

명강사 아나운서와 함께하는 대한민국 보이스 트레이닝 교과서

하루 만에 목소리가 좋아지는 책

박은주 지음

圖書出版 오래

그 말, 참 꽃 같네!

많은 이들이 내게 묻는다.
"정말 목소리가 좋아질까요?"
그럼 나는 이렇게 답한다.
"실례지만, 먼저 제가 좀 여쭤볼게요. 각오는 돼 있으세요?"
(네.)
"그럼 반드시 좋아져요! 대신 읽으라면 읽고, 따라해 보라면 하고,
연습하라는 건 꼭 하세요. 무조건 변화가 생깁니다."

사실 나와 같은 아나운서들도 처음부터 좋은 목소리를 갖고 태어난
것은 아니고 연습을 통해 만들어 낸 것이다. 그 증거는 TV 틀어보면
안다. TV 속 뉴스 하는 아나운서들의 목소리는 다들 비슷비슷해서 얼
굴을 보지 않고는 누가 누군지 쉽게 구분이 가지 않는다. 타고난 것이
아니라 공통된 교육과 훈련의 결과물이기 때문이다. 당장 나도 과거에
는 목소리가 좋지 않았다. 만약 독자 여러분 중 누군가 "정말요? 정말

강사님도 목소리가 좀 안 좋으셨어요?" 라고 묻는다면 "아니요, 진짜 많이 안 좋았죠." 이렇게 답변해야 할지도 모르겠다. 나는 초등학교 3학년 때 출전한 MBC 창작 동요제에서 '아기염소'라는 곡을 처음 발표해 금상과 인기상을 받았다. "파란 하늘, 파란 하늘 꿈이 드리운 푸른 언덕에" 로 시작하는 이 노래가 이제는 초등학교 4학년 음악교과서에 실릴 정도로 널리 알려져 큰 영광으로 생각한다. 하지만 동요를 많이 부르며 성장해서인지, 막상 성인이 되어 아나운서에 도전하려고 보니 가늘고 힘이 없는데 톤만 지나치게 높은 아기 같은 목소리가 발목을 잡았다. 하지만 보이스 트레이닝을 통해 좋은 목소리를 만들 수 있었고, 결국 아나운서 공채에 여섯 번 합격하며 지금은 현직 아나운서, 방송인 준비생을 교육하는 강사로 활동하고 있다. 목소리는 반드시 좋아진다. 당신도 할 수 있다!

그러나 항상 시작이 어려운 법. 그래서 이 책의 제목을 '하루 만에 목소리가 좋아지는 책'으로 정하고 목소리 변화의 시작점을 단 하루로 잡았다. 하루 24시간을 몽땅 책에 투자하라는 것도 아니다. 여덟 시간은 잠을 자고, 여덟 시간은 생활에 필요한 다른 일에 사용하고, 딱 여덟 시간만 내보라. 단 하루의 1/3만 써서 이 책의 처음부터 끝까지를 완독해 보길 바란다. 그 시간은 당신의 목소리와 삶에 큰 변화를 가져다 줄 소중한 출발점이자, 인생에서 가장 의미 있게 보낸 여덟 시간이라 기억될지 모른다.

그럼 정말 여덟 시간 만에 목소리가 달라질까? 일단 이 책의 내용은 일반인 대상 스피치 학원 강사들이 가르치는 그저 그런 수준의 커리큘 럼이 아니다. 지난 7년 동안 일반 스피치 학원 강사들을 가르친 노하우 이자, KBS와 MBC 본사 신입 아나운서, 기상캐스터, YTN·연합뉴 스·MBN 등의 신입 앵커 제자들을 배출해 낸 매우 특별한 교육법이 다. 수많은 평범한 학생들을 대한민국의 대표 진행자로 변화시킨 보이 스 트레이닝 비결, 전국의 아나운서 시험장에서도 통하는 수준의 요령 이라면 당신의 목소리도 분명 빠르게 변화할 수 있다. 실제 이 책에는 몇 시간까지도 필요 없이 단 몇 분 만에 효과를 볼 수 있는 매우 즉각 적인 훈련법들이 다수 담겨 있다. 물론, 누구든 단 하루 만에 아나운서 뺨치는 목소리를 낼 수 있게 될 거란 뜻은 아니다. 비교의 대상은 어제 의 당신이다. 이 책을 읽은 당신은 어제의 자신보다 훨씬 더 호감가고 신뢰받는 목소리를 갖게 되고, 더 나은 전달력과 매력을 갖추게 될 거 란 사실만큼은 확실히 장담하겠다. 그리고 그런 하루가 여러 날 계속 된다면 머지않아 아나운서 부럽지 않은 훌륭한 목소리도 완성할 수 있 을 것이다. 뭐니 뭐니 해도 가장 중요한 것은, 일단 하루를 투자해 시 작하는 것이다.

가끔 길을 가다 언뜻 들리는 낯선 이의 목소리에 걸음을 멈추고 쳐 다보게 되는 때가 있다. 풍성하게 울리는 근사한 음성, 정확하고 명료 한 발음. 그런 말 속에는 사람을 끌어당기는 힘이 숨어 있다. '그 말, 참 꽃 같네!' 이런 생각이 들게 하는 목소리의 주인공이 이 책을 읽은 바로 당신이라면 정말 좋겠다.

박은주

차례

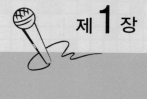

제 **1** 장

시작

예상 소요시간: 두 시간

준비물: 거울, 긍정적인 마음

당신이 해야만 한다!

1장에서는 목소리의 기본기부터 다룬다. 기본기란 무엇일까? 원래 귀찮고 재미가 없는 것이다. 수영, 테니스, 스키를 처음 배울 때 발장구만 치고 기본자세 연습을 거듭하면서 내 옆으로 유유히 지나가는 프로들의 모습을 부러워 한 적이 있을 것이다. 하지만 기본기부터 제대로 쌓는 것이 목소리뿐만 아니라 모든 분야에서 목표에 이르는 가장 빠르고 확실한 길이라는 데 이의를 제기할 사람은 없으리라 본다.

지금부터 가장 중요한 것은 실제로 같이 연습해보고 훈련을 하는 것이다. 생각이나 마음만으로는 결코 잘 할 수 없기 때문이다. 눈으로만 읽고 넘긴다면 당신은 정말 말을 글로만 배운 사람이 된다. 당신이 직접 해야만 한다! 성대 역시 피아노나 리코더, 바이올린과 다를 바 없이 연주자가 필요한 악기이고, 연주자는 오직 우리 자신뿐이다. 옷, 액세서리, 돈, 기술까지 다 다른 사람에게 빌려도 목소리만큼은 빌릴 수가 없음을 기억하자.

다행히도 나는 자칫 지루하게 느껴질 수 있는 이 목소리 기본기를 가장 재미있고 효과적인 나만의 방법들로 훈련시키는 데 무척 자신이 있는 편이다. 이 장에서 소개할 '5단 웃음 훈련법', '레스토랑법',

'강아지 호흡법' 등이 생소해서 처음에는 그걸 따라하고 있는 자신이 마냥 어색하고 우습게 느껴질 수도 있지만, 보이스 트레이닝의 가장 근본 원리를 담고 있고, 지난 수년간 국내 유력 언론사의 간판 아나운서들을 탄생시킨 귀중한 비법이라는 사실을 잊지 마시길 바란다.

그럼 이제 시작하자. 항상 시작이 가장 어려운 법이다. 그러나 처음은 단 한번 뿐이고, 당신은 이미 첫 발을 떼었다!

1. 목소리, 말보다 중요한 것을 말한다!

우리 몸의 놀라운 신비 중 하나는 목소리와 표정이 완벽히 일치한다는 것이다. 입 꼬리를 바짝 올린 상태에서 "죽겠어요.", "진짜 슬프네요."라고 말해보자. 괜한 투정, 혹은 마음에도 없는 소리로 들릴 것이다. 반대로 입 꼬리를 축 늘어뜨린 상태에서 "저도 참 기뻐요!", "고맙습니다."라고 한들 행복이나 감사함이 묻어나지 않는다. 거기서 입 꼬리를 더 내린 채 금방이라도 울 듯한 표정으로 "난 괜찮아."라고 한다면 결코 '괜찮지 않은 것 같은' 목소리가 금세 만들어진다. 친구에게 전화를 걸었는데 이런 식의 착 가라앉은 목소리가 들려온다면 "어, 그래. 너 괜찮구나, 안녕!"하고 끊어버릴 사람은 없을 것이다. 따라서 온화하며 따스하고 호감이 가는 목소리를 내고 싶다면 우선 그런 표정부터 짓고 나서 말해야 한다. 목소리는 단순히 '목에서만 나는 소리'가 아니다.

▌목소리와 표정의 일치 확인하기

(입 꼬리를 바짝 올리고) 죽겠어요. / 진짜 슬프네요.

(입 꼬리를 축 내리고) 저도 참 기뻐요. / 고맙습니다.

(입 꼬리를 더 내리고 울 듯한 표정으로) 난 괜찮아.

더욱 놀라운 것은 우리의 목소리와 표정이 실은 말 그 자체보다

14

더 큰 힘과 영향력을 발휘한다는 사실이다. 즉, 인간은 상대방이 전달하는 메시지가 그의 음성, 표정과 일치하지 않을 때 본능적으로 말이 아닌 그 밖의 것들을 더 신뢰하게 되어있다. 예컨대, 연단에 선 당신이 청중을 향해 덜덜 떨리는 목소리로 "하~나도~ 안 떨립니다아~."라고 해봤자 곧이곧대로 들어 줄 사람은 아무도 없다. 또한 누군가를 위로하고 공감을 표하는 상황에서 매우 즐거운 표정으로 "저도 고민 정말 많아요."라고 말한다면 오히려 '뭐? 행복한 고민?'이라는 반문과 반감만 불러일으킬 것이다. 외국어를 몰라서 가사 내용은 하나도 이해하지 못한다 해도, 좋은 목소리의 가수가 신나는 표정으로 부르는 팝송을 들으면 누구든 저절로 흥이 나고 행복해지기 마련인 것도 같은 이유에서다.

목소리는 말보다 더 중요한 것을 말한다. 따라서 당신이 궁극적으로 말 잘 하는 사람이 되고 싶다면 말의 내용보다 더 중요한 보이스 트레이닝부터 시작해야 하고, 목소리 훈련의 출발점은 바로 좋은 표정 만들기라고 할 수 있다.

▌목소리와 표정의 중요성 알기

(목소리를 떨며) 하나도 안 떨립니다.
(즐거운 표정으로) 저도 고민 정말 많아요.

하루도 길다! 단 1초 만에 좋아지는 자신의 목소리를 확인하고 싶다면 아래의 실험을 해보자. 지금부터 책에서 눈을 떼고 고개를 들

어 크고 강하게 '히! 히!'라고 외친다. 곧이어 눈썹을 위로 올리고 눈
을 크게 뜬 채 정면을 보며 똑같이 '히! 히!'라고 외치면서 음성의 차
이를 느껴본다.

▌1초 만에 목소리 변화 느끼기

(강하게) 히! 히!
(눈썹 올리고 눈을 크게 뜬 채로 강하게) 히! 히!

눈 부위를 들어 올리는 것 하나만으로 순식간에 약간의 울림과 함
께 앞으로 더 잘 나오며 듣기 좋은 소리를 만들 수 있다. 이를 '구강
미소법'이라고 하는데 성악가들이 자주 활용하는 방법이다. 예컨대,
소프라노 조수미 씨가 모차르트의 오페라 '마술피리'에서 인간 성대
의 한계를 넘나드는 초 절정의 고음과 격정적인 음성 기교를 선보
일 때면 눈을 크게 뜨고 광대 전체를 올려서 일반인이 보기에 다소
과장된 표정을 짓는 것을 볼 수 있다. 밤의 여왕이 부르는 유명한
아리아 '아~ 아아아아아아아아아아아 아~아아아아아아아아아'와 같
은 대목 가창에 반드시 동반되는 것이 바로 극대화된 구강미소다.
혹은, 무대에서 단체공연 중인 북한 예술단원 특유의 한껏 상기되고
과장된 표정을 떠올리면 더 이해가 쉬울지도 모르겠다.

지금 당신의 목소리가 무뚝뚝하고 건조한 것은 무표정한 얼굴로
살아온 세월 때문이다. 무표정한 얼굴은 보기에도 좋지 않을 뿐더러
발성적으로 바람직하지 않다. 눈을 크게 뜨고 마치 자신의 광대가

갈고리에 끼워져 위로 들린다는 느낌으로 뺨을 올리면 음성이 진동하는 공간이 자연스럽게 넓어지며 좋은 소리가 난다. 이러한 과정을 가장 쉽게 요약하자면 '웃으라'는 말이다. 미소는 당장 내 표정을 밝히고 목소리를 변화시킬 수 있는 가장 기초적이고 쉬운 방법이다.

실제 보이스 트레이닝 과정에서 미소와 관련해 사람들이 흔히 저지르는 실수는 두 가지인데 첫째, 타이밍이 너무 늦다는 것. 즉, 도입 부분에서는 바짝 경직되어 있다가 서서히 얼굴이 풀리는 유형이다. 시작의 부담감 탓인지 입을 떼는 시점에서 표정은 안중에도 없다가 어느 정도 말의 흐름에 익숙해진 후에 '아차!' 하고 표정관리에 들어가는 것인데, 늦었다고 생각될 때가 진짜 늦은 때다! 뇌가 상대방의 목소리, 표정, 이미지 등 첫인상을 판단하고 매력과 신뢰 여부를 결정짓는 시간이 초반 단 몇 초에 불과하기 때문이다. 학자에 따라 1초 미만에서 최장 7초에 불과한 이 지극히 짧은 시간 동안 결정된 첫 인상을 바꾸는 데는 통상 40시간 이상이 걸린다고 한다. 첫 인상은 두 번 다시 만들 수 없다. 그래서 뭐든 첫 부분에 큰 주의와 에너지를 쏟아야만 한다. 시작부터 흥미를 끌지 못하면 한번 박힌 이미지를 회복하기란 매우 힘든 반면, 매력적인 첫 인상은 두고두고 강렬한 힘을 발휘한다. 이는 영업, 면접, 발표, 오디션, 소개팅부터 일상적인 사람간의 만남에 이르기까지 시간, 장소를 가릴 것 없는 '진리'다.

그래서 스피치 전문가, 프로 진행자들은 초반의 표정을 놓치는 실수를 범하지 않고자 대본의 첫 장이나 본문 맨 앞에 '표정 관리'라고 커다랗게 써놓고 웃는 얼굴, 스마일 표시 등을 크게 그려 놓은 뒤 비로소 실전 무대에 오른다. 최근 치러진 SBS 신입 아나운서 공채에서 최종 합격을 거둔 남학생 역시 면접관이 가장 처음 듣게 되는 지원자의 음성, "안녕하십니까? 수험번호 ○번 ○○○입니다."의 첫 음절 '안'에서 합격 · 불합격 여부가 결정되는 것 같다는 말을 한 적이 있다. 수 백명의 지원자들을 보느라 지쳐 있던 심사위원들이 본인의 밝고 힘 있는 첫 인사에 갑자기 책상에서 눈을 떼더니 고개를 들어 흥미롭게 지켜봐주시더라며, 합격을 목표로 한다면 평소 "안녕하십니까?"를 공들여 연습하고, 수험번호에 1번부터 100번까지 넣어 미소가 밴 첫 인사 연습을 매일 백번씩 하라는 후기를 남기기도 했다. 미소부터 장착한 뒤 목소리 내기를 습관화하자.

두 번째 문제는 스피치 초반의 표정관리에는 성공했으나 말을 하면 할수록 미소가 점점 사라지고 종국에는 무표정으로 마치게 되는 타입이다. 그런 분들이라면 대본이나 스크립트 중간 중간에 손수 '표정', '미소'라고 적고, 곳곳에 스마일 표시를 그리면서 연습할 필요가 있다. 또한 무대에 오르기 직전에는 미리 특정 사물이나 청중들을 둘러보고 '내 시선이 강의실 정면에 걸려 있는 시계에 닿을 때마다, 저 뒤편의 모자를 쓴 남자 분을 보게 될 때마다 꼭 미소를 지어야겠다.'라는 식의 규칙을 만들어 두는 것도 실전에서 좋은 표정을 유지할 수 있는 탁월한 방법이다.

2. 미소 천사가 목소리 천사!

미소의 중요성은 알겠다. 하지만 당장 어떻게 웃어야 하는지가 막막한 분들을 위해, 아나운서들에게 미소를 가르치고자 직접 개발한 다섯 가지 미소 연습법을 전수한다. 필요한 준비물은 거울과 긍정적인 마음 뿐이다. 먼저, 5단 웃음 훈련법이다. 입을 다문채로 입 꼬리만 위로 올리며 '으흠' 소리를 내고, 이어서 입을 조금 벌리고 '그렇지'라고 말해본다. 거기서 입술 사이를 더 떼고 입 꼬리를 좌우로 완전히 찢으면 '배시시~'가 된다. 여기서 더 크게 웃고 싶다면 이제는 제스처의 힘을 빌릴 때다. '와이키키'를 할 때에는 '키키' 부분에서 어깨를 위로 통통 치듯 두 번 올렸다 내린다. 이걸 하고 있는 자신의 모습이 스스로 웃기고 조금 황당스럽기도 해서 저절로 미소가 지어질 것이다. 이보다 더 크게 웃고자 하면 이제 두 손을 들고 안에서 바깥으로 각각 'U'자를 만들며 동시에 '와!'라고 외치자. 그리고 '신난다!'의 '다' 부분에서는 두 손을 위로 번쩍 들어준다. 입 꼬리를 손 모양과 일치시키면 효과 백배다.

▌5단 웃음 훈련법

(입 다물고 입 꼬리만 올리며) 으흠 → (입을 조금 벌리고) 그렇지 → (입을 좌우, 상하로 더 벌리며) 배시시 → 와이 (어깨 두 번 올리며) 키키 → (양 손으로 각각 U자 그리기) 와! 신난 (손올리기) 다!

다음은 '레스토랑 주문법'이다. 근사한 레스토랑에 들어가 아주 매력적인 웨이터, 웨이트리스를 보았다. 한 손을 들며 "헤이, 섹시"라고 그 또는 그녀를 불러본다. 그 후 당신이 본능이 이끄는 대로 먹고 싶은 음식들을 왕창 주문하는 즐거운 상상을 하는 것이다. "헤이 섹시! 피자, 스파게티, 치즈 케이크, 와인, 플리즈!"라고 외쳐보자. 이 연습을 하루 세 번씩만 해도 일주일 뒤면 살짝 올라간 입꼬리와 한결 밝아진 자신의 음성을 확인하게 된다.

▌레스토랑 주문법

Hey sexy! Pizza, spaghetti, cheese cake, wine, please!

세 번째는 '이예이예' 반복법이다. 정면을 본 상태에서 '이'라고 외침과 동시에 오른손은 뒤로, 고개 또한 오른쪽으로 돌리며 눈을 옆으로 가늘게 찢으며 웃는다. 곧바로 눈썹을 올리며 눈을 동그랗게 뜨고 손과 고개를 다시 정면으로 원위치 시키며 크게 '예'라고 말한다. 손을 뒤에서 앞으로 뻗으면 목소리도 앞으로 전진하는 느낌을 받게 될 것이다. 웃는 모습을 온화하면서도 밝은 표정, 그리고 발랄하고 신난 느낌의 표정 두 가지 종류로 나눠 연습하는 방법인데 '이'에 해당되는 미소는 일상생활에 어울리는 반면 '예'는 더 특수한 상황에서 주로 활용되는 미소법이다. 예를 들어 프로필 사진을 찍는다거나 광고, 화보를 촬영중인 모델이 '이'라고 외칠 때와 비슷한 표정을 짓는다면 실눈이 되면서 야무지고 확실한 인상으로 임팩트를 주기란 매우 힘들기 때문에, 사진 작가들은 '예'라고 할 때처럼 눈의 크기를 더 키우는 식의 또렷한 미소법을 주로 주문하는 편이다. 이 때 주의할 점은 '예'가 아닌 '에'라고 발음할 경우 오히려 뚱한 입모양이 되므로 두 발음의 차이점에 주목하자. '에'를 발음할 때보다 입술을 좌우, 상하로 더 많이 찢으며 '예!'라고 외친다. 누군가를 응원하고자 '파이팅!'을 외칠 때처럼 두 손으로 주먹을 쥐고 힘 있게 밑으로 내리찍는 동작과 함께 'yeah~!'를 연습해 보는 것도 좋다.

▌이예이예 반복법

❶ (손 뒤로 눈을 옆으로 찢어지게 웃으며) 이 ❷ (눈썹 올리며 눈을 동그랗게 뜨고 손은 앞으로) 예 ❸ (손 뒤로 눈을 옆으로 찢어지게 웃으며) 이 ❹ (두 손 주먹 쥐고 아래로 내리찍으며) yeah~!

다음으로 '5종 세트 법'을 소개한다. "눈은 크게, 눈썹은 올리고, 머리는 옆으로, 손으로 U자를, 고개를 콩!"이라고 외치면서 말하는 내용 그대로 제스처를 섞어보는 것이다. 다시 말하지만, 목소리란 목에서만 나오는 소리는 아니다. 목소리를 만드는 데 있어 성대가 담당하는 역할은 25% 미만이라고 주장하는 학자들이 있을 만큼 음성에는 표정과 제스처 등이 크나큰 영향력을 행사한다. 손을 들어 웃는 입매와 같은 'U'자를 그리면서 인사하면 음성이 한결 밝아지고, 목석처럼 정자세로 일관하기보다는 고개를 콩 찍거나 끄덕이는 움직임을 더해서 대답할 때 말에 확신이 담기고 믿음이 생긴다. 눈이 아닌 귀로만 사람들과 만나는 성우, 청취자에게 얼굴이 보일 리 없는 DJ들이 마치 연기자에 버금갈 정도의 실감나는 표정과 다양한 제스처를 동원해 말하는 것이 바로 그 때문이다. 아나운서로 일하던 시절, 정오의 가요 프로그램을 유난히 활기 넘치게 진행하는 선배가 있었는데 언제나 방송에 밝고 절도 있는 힘이 묻어나는 그 비결이 뭐냐고 물으니 "앞에 놓인 거울을 보고 방긋 웃으며 방송한다."는 답이 돌아온 적도 있다. 그녀를 따라 나도 스튜디오에 큰 거울을 갖다 놓고 방송 전과 중간에 많이 웃고자 노력했더니 확실한 변화를 느낄 수 있었다. 국내 한 대기업 콜센터가 매년 신입 상담원들에게 지급하는 입사 축하 선물 역시 거울이다. 아래에 정리된 5종 세트법을 익힌 뒤 다양한 예문을 통해서 실제로 말에 적용하는 훈련을 해보겠다.

▌5종 세트법

> (말하는 내용대로 제스처 넣기) 눈은 크게, 눈썹은 올리고, 머리는 옆으로,
> 손으로 U자를, 고개를 콩!
> (눈 크게 뜨기) 박은주 고객님, (눈썹 올리고, 고개를 콩) 반갑습니다.
> (미소+'U'자를 그리며) 안녕하세요!
> (고개 콩) 네, 말씀하십시오.
> 몇 가지 여쭙고 (눈썹 올리고) 안내해 드리겠습니다.
> (머리 살짝 옆으로) 다른 문의사항은 (눈썹 올리고) 없습니까?

　모두에게 친숙한 '나비야' 노래를 개사해 아래처럼 제스처를 넣어
부르는 것도 미소 연습에 효과적이다. 미소 짓기만큼 어려운 것이
미소를 유지하는 것. 멜로디가 진행되면서 서서히 웃음기가 사라지
지는 않는지 표정 관리에 신경 쓰면서 노래를 불러본다.

▌'나비야' 노래 부르기

> (미소 지으며) 위스키 위스키 (한 손 흔들기) 한 잔 해요 위스키
> (미소 유지하며) 위스키 위스키 (두 손 흔들기) 신나네요 위스 (두 손으로 만세
> 번쩍) 키!

　이러한 훈련을 마친 직후 오프라인 교육장 전체에는 환한 벚꽃 같
은 웃음이 가득하다. "이거 보세요. 다들 웃고 계시잖아요. 이 방법
이 이렇게 효과가 좋다니까요?"라고 말하면 더 큰 웃음이 따라온다.

지금 당신의 표정은 어떠한가? 이상의 다섯 가지 방법들로 얼굴 근육을 조작하고 훈련함으로써 전보다 훨씬 좋은 목소리를 유도해낼 수 있다. 그 과정에서 인상 역시 자연스럽게 밝아지니 평소 표정이 어둡고 광대 근육이 쳐져 있던 분들에게는 1석 2조다. 정리하자면, 목소리는 표정이 만드니 웃으며 말하자. 미소 천사가 곧 목소리 천사다. 영국 작가 루이스 캐럴이 지은 동화 '이상한 나라의 앨리스'에는 이런 대사가 나온다. "내 기분은 내가 정해. 오늘 나는 '행복'으로 할래." 이제 당신도 활짝 웃으면서 미소 띤 음성으로 다음 문장을 크게 외쳐보자. "내 목소리는 내가 정해. 나는 '행복한 목소리'로 할래."

▌웃음기 밴 음성 연습하기

(미소 지으면서) 내 기분은 내가 정해. 오늘 나는 '행복'으로 할래.
(미소 지으면서) 내 목소리는 내가 정해. 나는 '행복한 목소리'로 할래.

앞서 1장에 필요한 준비물은 바로 거울과 긍정적인 마음이라고 밝혔다. 미소, 밝은 생각, 긍정적인 마음가짐과 호감이 가는 목소리는 모두 한 배를 탄 존재들이다. 그리고 이들은 현실에서 실로 놀라운 힘을 발한다. 취업 준비생 시절 한 면접장에서 사장님께 이런 질문을 받은 기억이 난다. "박은주 씨는 이직 경험이 많은데, 작은 회사가 싫어서 큰 회사에 자꾸 시험보러 다니는 것 아닙니까?" 주로 학력, 이력, 나이 등에 있어 지원자의 부족한 점을 날카롭게 꼬집어 반응을 보고 인성을 파악하려는 압박질문의 하나다. 보통 이런 질문을 받게 되면 순식간에 표정이 어두워지며 잔뜩 힘이 들어간 목소리로 "아닙니다. 제가 결코 작은 회사를 싫어하거나 무시하는 것은 아닙니다. 전에 다니던 회사에 피해를 끼치지도 않았습니다."라고 대답하는데 나름 불리한 상황을 피해 본인을 최대한 변호하려는 시도이겠으나 화기애애한 면접 분위기 조성에는 악영향을 끼친다. 나는 오히려 더 즐거운 표정을 짓고 한층 밝은 목소리 내려 노력하면서 답했다. "그렇지 않습니다. 작은 방송국에서 일하다보니 방송이 점점 더 좋아졌고요. 방송일이 더욱 하고 싶어졌습니다. 이렇게 기쁘고 좋은 것을 더 큰 회사에서, 더 많은 시청자들 앞에서 할 수 있다면 얼마나 더 행복하고 제 인생이 가치 있을까 하는 생각에 오늘 시험 보러 왔습니다." 면접관님들께서는 '아빠 미소'를 지어주셨고, 며칠 뒤 나는 합격 통보를 받았다.

나의 제자 중 한 명도 입사 시험에서 "단점이 길치라고 했는데 그럼 영업 사원으로 일하는 데는 치명적인 것 아닙니까?"라는 질문을 받은 적이 있다. 이 친구는 미소를 잃지 않고자 표정 관리에 가장 신경을 쓰면서 밝고 자신감 있는 목소리로 이렇게 답변했다고 한다. "그런데 신은 참 공평하신게, 저를 길치로 만드셨지만 또 좋은 목소리를 주셨습니다. 이 말 잘하는 입으로 물어물어 잘 찾아다니고 있어 전혀 문제가 없고요. 오히려 혼자서 한 번에 목적지에 도착하는 사람들보다 과정에서 훨씬 더 많은 것을 보고, 배우고, 느끼는 편입니다."

행사 진행이나 출강이 잦은 요즘에는 거래처 관계자들로부터 "아유, 보내주셨던 사진이 실물보다 못하네요!"라는 인사치레를 종종

들는다. 그럴 때에도 나는 "아, 제가 사진이 잘 안 나와서 ……"라는 식으로 부정적으로 말하기 보다는 활기찬 목소리로 "아, 실물이 사진보다 훨씬 좋다고 하시더라고요"라며 웃는다. 그럼 상대도 더 큰 미소로 화답해준다.

얼마 전 강의를 나갔던 어느 대형 음식점의 사례도 꼭 전하고 싶다. 지역의 한 이탈리안 레스토랑 직원들을 대상으로 몇 차례에 걸친 CS 보이스·스피치 교육을 진행하는 중 나는 식당 대표로부터 이런 고민을 듣게 되었다. "사실 음식 장사에서는 음료 판매가 가장 수익이 많이 남는데, 우리 식당은 이상하게 음료 매출이 너무 낮아요. 왜 그런지 모르겠습니다." 몇 시간 동안 직원들의 응대를 자세히 관찰한 결과 문제점을 알 수 있었는데 점원들 대대수가 음식 주문을 받은 뒤에 매우 소극적인 태도로 "음료는 안 하세요?"라고 묻는 것이었다. "안 하냐?"는 말에 "아니오! 음료도 주문할거예요!"라며 더 적극적으로 나올 손님은 별로 없다. 미소와 자신감 있는 표정부터 탑재하고 손님이 음료를 필요로 할 것이라는 확신을 담아서 "음료는 어떤 것으로 하시겠습니까?"라고 말하라는 보이스 트레이닝 단체 교육을 몇 시간 진행하였다. 그리고 바로 다음 날부터 음료 판매율이 14% 뛰더라는 반가운 소식을 사장님으로부터 전해들을 수 있었다. 좋은 표정, 좋은 목소리, 좋은 말이 좋은 결과를 가져오는 법이다.

3. 목소리 치료보다 자세 교정이 먼저

성대 자체에 질환이 생겼거나 중증의 음성 장애를 겪는 사람들이 찾는 곳이 바로 이비인후과 부설 음성클리닉이다. 매 회 방문마다 10만원이 넘는 치료비가 드는데, 목소리의 중요성에 대한 사회적 인식이 높아지면서 최근에는 음성클리닉 진료비가 실비 보험 청구의 대상이 된다고도 한다. 그런데 이러한 전문 클리닉에 가면 목소리 치료에 앞서 가장 먼저 하는 것이 바로 자세 교정이다. 자세에 따라서 조음 기관의 위치가 달라지며 목소리가 변하기 때문이다.

예컨대, 정면을 본 상태에서 턱을 점점 올리게 되면 높은 소리, 내리면 내릴수록 낮고 굵은 목소리가 난다. 컴퓨터나 휴대폰을 지나치게 자주 봐서 거북목 증세를 보이는 사람들은 음성이 점점 얇아지고, 반대로 고개를 뒤로 빼면 두껍게 눌린 소리가 난다. 자세에 따라 달라지는 목소리의 변화를 직접 느껴보자.

▌자세에 따른 목소리 변화 느끼기

(턱을 점점 올리며) 아〜아〜 (턱을 점점 내리며) 아〜아〜
(고개를 앞으로 빼며) 아〜아〜 (고개를 뒤로 빼며) 아〜아〜

만약 목소리에 아무런 차이가 생기지 않는다면 그런 사람들은 목소리에 불필요하게 힘을 주었거나 평소 인위적으로 소리를 만들어 사용하고 있다고 봐도 무방하다. 실제로 일반인들을 대상으로 한 보이스 트레이닝 수업에서는 다들 쉽게 변화를 느끼는 반면, 보이스 훈련이 곧 일인 방송인 지망생, 아나운서 실기시험 준비를 수년간 해온 '장수생'들일수록 자세가 달라져도 톤과 굵기가 지극히 일정하게 유지되고 똑같은 목소리를 내는 것을 볼 수 있다. 몸과 마음에 들어간 힘을 빼고, 긴장을 푼 상태에서 편안한 마음으로 자세에만 집중해야 목소리의 자연스러운 변화를 체험할 수 있을 것이다.

"남자한테 참 좋은데 …… 어떻게 표현할 방법이 없네."라는 광고로 일약 스타가 된 김영식 전 천호식품 회장. 한때, 20억 원이 넘는 빚을 지고 자살까지 결심했다는 그가 수백억대 매출을 올리는 잘나가는 기업 대표가 되어 사업 성공 노하우를 전하는 자리에서 이런 말을 한 적이 있다. "고객에게서 온 전화를 서서 받으세요. 목소리를 들으면 상대방도 압니다." 충분히 일리가 있는 말이다. 구부정하게 수그린 채 전화를 받을 때보다 자세를 바르게 펴고 섰을 때 한층 활기차고 적극적인 목소리로 고객에게 호감을 줄 수 있기 때문이다.

목, 척추, 어깨와 허리 등이 가지런하지 않으면 소리를 내는 데 쓰여야 할 근육들이 잔뜩 긴장한 채로 몸을 지탱하는 데 사용되고, 소리의 통로도 비틀어져 자유로운 호흡과 발성에 지장이 생긴다. 따라서 좋은 목소리를 내는 데 효과적인 자세 교정방법 세 가지를 소개한다.

▍굽은 어깨 교정법

두 발을 어깨 너비보다 조금 더 넓게 벌리고 선다.

등 뒤로 손깍지를 끼고 가슴을 내민 채 5초간 유지한다.

손깍지를 풀지 않은 상태에서 팔을 위로 올리며 상반신을 앞으로 숙인다.

그 자세에서 머리만 들어 올려 앞을 보고 5초간 유지한다.

▍휘어진 허리 교정법

무릎을 약간 구부린 채 벽에 몸을 밀착하고 선다.

발은 벽에서 조금 떼어 앞에 위치해도 좋지만 허리와 등은 최대한 벽에 붙인다.

서서히 무릎을 펴며 벽을 밀어 올린다는 느낌으로 서서 10초간 같은 자세를 유지한다.

▍구부러진 소리 통로 펴는 법

긴 우산이나 막대기를 준비한다.

한 손으로 등 뒤에 우산 또는 막대기를 넣고 선에 맞춰 몸을 쭉 편다.

몸이 정렬된 상태로 5초간 유지한다.

손을 바꿔 동일한 과정을 실시한다.

영화 〈혹성탈출: 진화의 시작〉을 보면 뇌기능 치료 약물을 투여하는 임상 실험 과정에서 태어난 침팬지 '시저'의 지능이 발달함과 동시에 그의 자세 또한 점점 더 바르게 펴진다는 것을 확인할 수 있다. 진화의 결과 마침내 언어 능력까지 갖추게 된 시저는 자신을 구타하던 유인원 보호소 관리사의 손목을 잡고 "NO!"라고 단호히 외친다. 사족보행에서 척추가 곧게 서며 완전한 직립보행이 가능해진 동시에 비로소 성숙한 인간의 목소리가 완성되었음을 보여준 이 장면은 자세와 목소리의 상관관계에 있어 매우 의미심장한 대목이다.

4. 음치도 목욕탕에서는 가수가 되는 이유?

음치도 목욕탕에서는 훌륭한 가수가 된다. 목욕탕에서 목소리가 한층 더 근사하게 들리는 이유가 무엇일까? 습기 덕분에 촉촉해진 성대가 한결 쉽게 진동한다는 점과 탕 자체의 울림효과도 물론 한 몫 하겠지만 그보다 더 중요한 이유가 있다. 온몸의 긴장이 풀려 편안한 상태에서 소리가 난다는 것. 지쳐 있던 근육이 따뜻한 물에 부드럽게 풀어지고, 남들 의식할 필요 없이 모든 긴장과 부담감을 떨쳐버린 순간이 바로 최고의 목소리를 낼 수 있는 때다. 그래서인지 국내의 한 스피치 전문가는 강의 첫날, 수강생들에게 옷을 입었을 때와 벗었을 때 자신의 목소리를 녹음해서 비교해오라는 과제를 낸다고 한다. 몸을 꽉 조였던 옷들을 모두 벗고 혼자 나체 상태에서 자유롭게 내는 목소리는 분명 뭐가 달라도 다르다니 여러분도 한 번 시도해 보시라.

또한 시골에서 소가 우는 모습을 떠올려보자. 나른한 오후, 눈을 천천히 끔뻑거리고 침을 흘리며 평온하게 여물 씹기를 즐기는 소의 몸은 완벽히 이완되어 있다고 할 수 있다. 그 상태에서 내는 "음메에~~~" 소리는 충만한 에너지 그 자체다. 그 파워는 내부에서부터 몸통을 타고나와 엄청난 울림을 만들어 낸다. 이처럼 몸의 긴장을 풀어야 크고 좋은 소리가 입 밖으로 울려 퍼진다.

굳어 있는 몸을 풀고 릴랙스 할 수 있는 방법은 무척 간단하다. 긴장된 그 부분을 움직이면 저절로 힘이 빠진다. 즉, 어깨가 잔뜩 뭉쳐져 있는 것을 느낀다면 위 아래로 툭툭 털면 되고, 목이 지나치게 경직되어 있다면 좌우로 돌리면 되는 일이다.

▌목과 어깨 힘 빼는 법

> 어깨를 위 아래로 두 번 가볍게 흔든다.
> 목을 좌에서 우, 우에서 좌로 돌린다.

본격적인 호흡, 발성 연습 전에는 스트레칭을 해주는 것이 좋다. 밀가루 반죽이 처음에는 뻣뻣하지만 밀고 접고, 때로 패대기도 쳐가며 당겼다 밀었다 하면 점차 유연해지는 것과 똑같다. 신체 특정 부위에 들어간 힘을 빼고 뭉친 근육을 풀어주며 자세 교정에 효과적인 동작들로 구성된 스트레칭을 실시하자. 먼저, 앉아서도 쉽게 할 수 있는 5단계 스트레칭법이다. 양손의 엄지손가락으로 턱을 들면서 하늘을 보았다가 팔베개를 하고 고개를 숙인다. 팔을 원위치로 내리고 좌에서 우, 우에서 좌로 한 번씩 머리를 돌린다. 이번에는 견갑골을 움직여 가슴을 최대한 앞으로 내밀었다가 두 팔을 앞으로 내밀며 등을 구부리는 동작을 두 번 반복한다. 양쪽 어깨를 앞에서 뒤로, 뒤에서 앞으로 두 번씩 원 모양으로 돌리며 마무리 한다. 다리 운동 한번 해보지 않고 마라톤에 출전할 수는 없다. 목소리와 관련된 근육에도 준비운동이 필요하지 않겠는가.

▌발성에 효과적인 5단계 스트레칭법

> 양손 엄지손가락으로 턱 들기 → 팔베개하고 고개 숙이기 → 좌에서 우, 우에서 좌로 한 번씩 머리 돌리기 → 가슴을 펼쳤다 접기 두 번 반복 → 양쪽 어깨 앞에서 뒤, 뒤에서 앞으로 두 번씩 돌리기

의자에서 일어나 전신 스트레칭도 가능한 상황이라면 '풍차 돌리기', '발레리노 훈련'이라고 이름붙인 두 가지 연습법을 시도해 보시기 바란다.

'풍차돌리기'를 하면서 팔을 몸 앞에서 들어 올릴 때는 입을 닫은 채 코로 숨을 들이 마시고, 내릴 때는 입으로 "휴~" 소리를 내며 크게 숨을 뱉으면 호흡이 수월하다. 또한 팔이 머리 위에 올 때 팔은 물론 머리까지 모두 최대한 뒤로 젖히면 목과 턱 관절까지도 풀리는 효과를 제대로 볼 수 있을 것이다.

▌풍차 돌리기

두 발을 어깨너비로 벌
리고 선다.
허리부터 머리까지 상반
신을 앞으로 숙인 채 두
팔을 편안히 늘어뜨린다.

두 팔을 들어 몸의 왼쪽
을 지나 머리 위. 오른쪽
을 거쳐 원 위치로 올 때
까지 큰 원을 그리며 천
천히 돌린다.

3회 정도 한 뒤에는 방
향을 바꿔 오른쪽에서
왼쪽으로 원 그리는 동작
을 3회 더 반복한다.

▌발레리노 훈련

두 다리를 모은 채 뒤꿈치를 붙여 두 발이
V자를 이루도록 선다. 이 때 오른발을 약
간 앞으로 내밀면 중심을 잡기 쉽다.
머리를 오른쪽으로 기울인 채 오른쪽 팔
을 내려 몸의 앞을 가로지르게 하고 왼쪽
팔은 머리 위로 올려 둥근 아치 모양을 만
든다.
머리를 기울이는 방향을 한 번씩 바꾸며
양쪽으로 각 3회씩, 총 6회 반복한다.

　이 방법으로 허리와 가슴을 쭉 펴며 발성과 관련된 부위의 근육들
을 이완시킬 수 있다. 빨리 방향을 바꾸기 보다는 최대한 몸을 쭉쭉
늘인다는 느낌으로 천천히 해야 효과가 좋다.

5. 내 목소리를 바꾸는 성대 스팀 마사지

보이스 트레이닝에서 반드시 피해야 할 것은 침묵하다 갑자기 큰 목소리로 연습하는 행위다. 이는 마치 육상선수가 아침에 기상하자마자 전속력으로 100M 달리기 연습을 하는 것과 다를 바 없기 때문이다. 훈련이 아니라 우리 몸에 가하는 혹사다. 특히 성대는 무척 민감한 기관인데 잘못된 훈련방법과 운용으로 목을 상하게 하고, 심지어 좋았던 목소리를 잃는 사람들을 보면 안타깝다. 목소리 사용법을 가르치는 사람은 많지만 목소리를 아끼는 방법에 관해서는 좀처럼 듣기 힘든 것이 현실이기에 이 책에서는 본격적인 발성법 이전에 성대를 아끼고 내 목소리를 소중히 다루는 법부터 전할 생각이다.

나는 매일 아침 기상 직후 욕실로 직행해 뜨거운 물로 샤워하는 동시에 입을 열어 '김 쐬기'를 하는 것으로 '스팀 마사지'를 하는 습관이 있다. 피부와 마찬가지로 기관지에도 '고온다습'만큼 좋은 것이 없다. 아이가 심한 감기로 고생할 때 엄마들이 응급처치이자 민간요법으로 뜨거운 물을 콸콸 틀어 욕실 가득 수증기가 서리게 하고 그 안에 의자를 놓은 채 10분 이상 숨 쉬게 하면 막힌 코가 뚫리고 기관지 통증 또한 급격히 좋아지는 것도 같은 이유에서다. 매일 김 마시기를 하며 샤워를 끝내고 나면 성대가 즉시 촉촉해지고, 욕실 문을 열어두게 되면 건조하던 집안 전체의 습도가 올라가며 목소리 내기에 최적화된 환경이 조성된다.

▐ 성대를 촉촉하게 하는 김 쐬기

매일 기상 직후 뜨거운 물로 샤워를 하며 김을 마신다는 느낌으로 입을 수차례 열고 닫는다.

목이 아프거나 건조한 겨울에는 샤워기를 위쪽 거치대에 꽂고 욕조 바닥에 물이 떨어지며 김이 많이 나도록 한다.

의자를 가져와 독서를 하거나 음악을 들으면서 10분 가량 머물며 수증기를 마신다.(이후 세면대에 차가운 물을 틀어 욕조의 물과 섞어 몸을 씻으면 1석 2조다.)

이 과정이 번거롭거나 욕실을 이용하기 힘든 상황, 목감기로 집중적인 김 쐬기가 필요한 경우라면 전기포트를 '간이 욕조'처럼 이용해도 좋다.

▐ 전기포트를 이용한 성대 스팀 마사지

전기포트에 물을 끓인다.

주전자 주둥이나 뚜껑에 얼굴을 바로 들이대면 화상을 입게 되므로 다 쓴 키친타월 종이 봉을 이용해 입을 대고 증기를 들이키면 안성맞춤이다.

따뜻하고 수분 가득한 공기를 입으로 마신 뒤 코로 바람을 내뱉는 과정을 3분 이상 반복하면 성대가 금세 촉촉해지며 목 컨디션이 좋아진다.

6. 헛기침 자주 하면 반드시 대가를 치른다.

중요한 발표나 면접을 앞둔 상황에서 입안이 바싹 마르거나 목에 뭔가 걸린 듯한 이물감을 느끼는 경우가 많다. 그럼 거의 모든 사람들이 가장 먼저 헛기침을 하는데 이는 곧 목을 긁어내리는 행위다. 기침은 성대의 섬세한 조직에 해가 되고, 조음기관을 보호하기 위한 점액들도 없애버린다. 점액을 넘겨버리면 우리 몸은 보호막을 갖추고자 더 많은 점액을 보충하게 되고 그럼 사람들은 더 자주, 더 크게 기침을 하려고 든다. 잦은 헛기침은 상처를 보호하기 위한 딱지를 계속해서 떼어버리는 것과 비슷하다. 이런 과정이 수년간 반복된다면 당신의 목소리가 반드시 그 대가를 치르게 될 것이다.

아나운서 준비생 시절, 물 한잔 없는 대기실에 앉아 입마름을 느낄 때 사용했던 방법을 소개한다. 혀 끝을 아랫니 밑의 딱딱한 입 바닥에 대고 3~5초간 위 아래로 움직여 문질러 보자. 그러면 우리 몸은 입 안에 음식이 들어온 줄로 알고 침샘을 자극해 귀한 점액을 흘려준다. 입마름은 해소되었다!

▎입마름 해결하기

> 혀 끝을 아랫니 밑에 댄다.
> 5초간 혀 끝으로 아랫잇몸의 위 아래를 문지른다는 생각으로 계속 움직인다.

열 명이 한조가 되어 시험장에 입장해 1번부터 9번까지 다른 지원자들의 뉴스 리딩을 들으며 내 순서를 기다리던 날에는 점점 목에 가래가 차올라 마침내 혹같이 큰 덩어리가 느껴졌던 기억이 난다. 그러나 신성한 오디션 중에 도저히 소리 내어 큰 기침을 할 수는 없었다. 역시 혀 끝을 아랫잇몸에 대고 문질러 침을 많이 모아 한 번에 꿀꺽 삼켰다. 그러니 크게 헛기침을 한 것과 똑같은 효과가 있었다. 무려 18년간 KBS 프로그램 '아침마당'의 진행을 맡았던 이금희 아나운서 역시 목이 잠기기 쉬운 아침 시간대 생방송 중 목이 막힌다는 기분이 들 때면 천천히 침을 삼키는 방법으로 헛기침을 대신했다는 말을 한 적이 있다. 또한 실제로 이런 종류의 느낌은 철저히 심리적인 것일 뿐 실제로 목에는 아무런 문제가 없는 경우가 거의 대부분이라는 사실을 믿자.

▍헛기침 줄이기

> 혀 끝을 아랫니 밑에 댄다.
> 10초간 혀 끝으로 아랫잇몸의 위 아래를 문지른다는 생각으로 계속 움직인다.
> 침을 모았다가 한 번에 꿀꺽 삼킨다.

성대가 촉촉해졌다면 이제 비로소 목소리를 낼 차례. 허밍 발성으로 워밍업을 시작해보자. '음~' '음마~' '음마메미~'와 같은 허밍을 반복하며 성대를 부드럽게 마사지 한 후 발성을 시작하면 자극이 상당히 완화된다.

▌ 목소리 워밍업 1

음~ (10초)
음마~ (10초)
음마메미~ (10초)

이 워밍업을 실시하는 데는 두 가지 중요한 이유가 있는데 첫째, 본격적인 발화 전 성대에 가해지는 무리를 최소화해 주는 일종의 준비운동이고, 둘째는 이 방법으로 나의 본래 음역대를 파악할 수 있다는 것이다. 일부 스피치 전문 학원에서는 첫날, 수강생들에게 아무 생각 없이 편안한 상태에서 '음마~' 또는 '음~아~'를 말해 보라고 한 뒤, 바로 그 음이 당신이 갖고 태어난 고유의 톤이라고 가르쳐 준다. 외국의 보이스 트레이닝 전문가들은 일상 생활에서 타인으로부터 "Thank you!"라는 말을 들었을 때 화답하고자 자신이 내는 '으흠'에 가까운 가벼운 콧소리, "Mm-hmm" 혹은 "Uh-huh"를 말할 때 톤이라고 지도한다.

이러한 방법들로 자신이 타고난 음역대를 파악한 뒤 그 톤으로 말하면서 목젖에 손가락을 대본다. 남성은 육안으로도 금방 목젖의 위치를 알 수 있고, 여성은 손바닥으로 목을 감싼 채 소리를 내보면 진동이 느껴지는 부분을 찾을 수 있을 것이다. 목젖에 손가락을 댄 채 자신의 본래 톤으로 소리를 내면 매우 안정적인 진동이 느껴진다.

본래 타고난 톤에서 소리의 높이를 점점 올리다보면 목젖이 갑자기 위로 상승하는데 그때부터는 가성이다. 가성 음역대로 목젖이 이동하면 목 근육이 강하게 수축되고 혀가 위로 솟아오르며 목구멍 아치가 좁아져 목 전체에 무리가 가기 시작한다. 내게 맞는 음역대는 몸에 별로 부담을 주지 않는다. 따라서 자신이 낼 수 있는 가장 낮은 음부터 천천히 높여가며 가장 높은 소리를 내보고, 성대가 급격히 이동하지 않는 그 중간쯤에 있는 소리를 파악해 높이를 유지한 채 여러 번 소리를 내본다. 그때 나는 소리가 본인이 운용할 수 있는 음역대라고 파악하면 쉽다.

자, 지금부터가 중요하다. 자신의 본래 말하기 톤으로 허밍 워밍업을 몇 차례 한 뒤에는 반드시 음을 점점 더 낮춰가며 연습을 해야 한다. 낮게, 더 낮게, 자신이 낼 수 있는 가장 낮은 톤으로 허밍 발성을 계속해본다.

▌목소리 워밍업 2

> 음마메미모무~ (한 톤 낮게 10초)
> 음미먀모뮤미~ (더 낮게 15초)
> 음마~ (최대한 낮고 길게)

톤을 낮춰가면서 연습해야 하는 이유가 뭘까? 발성 연습을 15분 이상 충분히 했는데도 막상 프레젠테이션을 시작하거나 대본을 읽으면 목이 잠긴다고 호소하는 학생들을 매일 만난다. 이런 분들의 사전 연습을 유심히 지켜보면 그 방법에 분명히 문제가 있는데, 바로 본인이 내기 가장 편한 한 가지 음으로만 발성 연습을 한다는 것이다. 자음과 모음으로 이뤄진 발성표를 천천히 읽다가 점점 빨리, 스타카토로, 가로 세로 혹은 대각선으로까지 다 읽었다 해도 한 가지 음으로만 연습해서는 별 효과가 없다. '~입니다.' '~합니다.'라는 종결어미의 저음까지 무리 없이 잘 내려면 발성에서부터 다양한 음을 사용해야 한다. 특히 우리가 일상에서 목이 '잠긴다.'라는 표현을 유독 자주 듣게 되는 것은 노래를 부르는 것이 아닌 이상 말에서는 고음보다 저음이 더욱 내기 힘들다는 뜻이다. 톤을 높여 말하는 것은 오히려 더 쉽다. 다채로운 음들로 꽉 채워 폭넓은 음역대를 풍성하게 소화해내는 목소리로 나라는 사람이 깊이가 있는 큰 그릇이라는 인상을 주고 싶다면 워밍업으로 저음을 탄탄히 다져놓는 것이 필수다.

7. 갓난아기로 돌아가 숨쉬기부터 다시 배우자

사실 많은 사람들이 호흡법 연습을 그다지 좋아하지 않는다. 당장 다들 숨쉬고 사는데 아무 지장이 없기 때문이다. 하지만 진실로 좋은 목소리를 갖고 싶은 사람에게는 이 호흡이라는 것이 큰 난관이자 좌절의 요인이 되기도 한다. 흉식호흡으로 살아온 사람이 어느 날 갑자기 복식호흡을 익혀 소리 내는 것이 그리 쉬운 일이 아니기 때문이다. 복식호흡을 익히는 데 효과적인 방법들을 소개한다. 이제 막 태어난 아기로 돌아간 듯 숨쉬기부터 다시 배우자. 단, 이번에는 '생존호흡'이 아니라 목소리를 위한 '표현호흡'이다.

복식호흡의 원리를 파고들며 진지하게 탐구하기보다는 그냥 내 배를 풍선이라고 생각하면 쉽다. 풍선에 공기가 들어오면 빵빵하게 부풀고 공기가 빠져 나가면 홀쭉해지는 것과 복식호흡은 똑같은 원리다. 가끔 가슴이 조금이라도 움직이면 흉식호흡이냐고 묻는 분들이 있는데 우리의 배는 가슴과 연결된 까닭에 복식호흡 시 가슴이 약간 움직일 수 있다. 그러나 어깨가 움직인다면 무조건 잘못하고 있다는 증거다. 따라서 거울을 보며 연습하거나 본인의 훈련 모습을 동영상으로 찍어 모니터링을 해보는 편이 좋다.

▌복식호흡 연습

양손을 배 위에 올려놓는다.
풍선에 공기가 가득 찼다가 완전히 빠져 홀쭉해진 모습을 상상해 본다.
입을 닫고 3초간 코로만 숨을 들이마시며 배가 최대한 앞으로 볼록 튀어 나오게 한다.
3초간 정지한 뒤 곧 입으로 '후~' 하는 소리를 내며 숨을 내뱉는다.
배가 납작하게 들어갈 때까지 10초간 천천히 공기를 모두 내보낸다.

처음에는 배 근육을 동원하는 인위적인 방법을 써서라도 숨을 들이마실 때 배를 불리고 내쉬면서 쪼그라뜨린다. 모양을 만들어 주며 연습하면 서서히 공기가 들어온다. 이는 수영에서도 마찬가지! 이제

막 자유형을 배우기 시작한 사람이 고개를 돌려 숨을 쉬는 모션을 취해도 처음에는 그 동작을 통해 공기가 들어오지 않을 것이다. 그러나 공기가 잘 마셔지지 않는다고 해서 고개를 물 속에 담근 채 들지조차 않는다면 결코 숨이 틀 수 없다. 인위적으로 모양을 만들며 계속 연습을 이어가다 보면 어느 순간 상쾌한 공기가 코 안 가득 들어오는 일명 '숨트기'가 이뤄지면서 수영중 자유로운 호흡이 가능해지는 것과 동일한 이치다.

또한 복식호흡을 제대로 하고 싶다면? 복식호흡에 관해서는 잊어버려라. 너무 생각이 많으면 잘되지 않고 오히려 더 소극적이 될 것이다. 복식호흡에 관한 생각은 모두 지운채로 바닥에 누워 몇 분간 휴식을 취하다 보면 어느 순간 우리 몸은 알아서 자연스럽게 복식호흡을 하기 시작한다. 누운 자세에서 그 느낌을 익힌 뒤 앉아서, 그리고 일어나서 똑같이 호흡해 본다. 몸을 구부린 채 양손으로 옆구리를 만져보거나 의자에 앉아 양팔로 두 다리를 잡으면 복식호흡이 잘 이뤄지고 있는지 감을 잡기에 충분하다.

▌효과적인 복식호흡 연습법 다섯 가지

1. 풍선 상상하기
풍선에 공기가 들어오면 빵빵해지고 공기가 빠져나가면 홀쭉해지는 원리대로 호흡한다.
2. 배 근육 동원하기
복식호흡 연습 초기에는 배 근육을 동원해 배를 불리고 쪼그라뜨릴 것.

모양을 만들어 주면 서서히 공기가 들어온다.

3. 누워서 호흡하기

천장 보고 누워 자연스럽게 호흡하면 숨을 마실 때 저절로 배가 부풀고 내쉬면 원상태로 돌아온다. 누운 자세에서 감이 잡히면 앉거나 일어나서 똑같이 호흡할 것.

4. 몸을 구부려 호흡하기

일어선 상태에서 상반신을 굽히고 양손을 허리춤에 짚은 상태에서 호흡한다. 숨을 마실 때 옆구리가 부푸는지 반드시 확인한다.

5. 의자를 이용해 호흡하기

의자에 앉은 상태에서 양팔로 두 다리를 모아 무릎을 굽힌 채 의자에 함께 올린다. 숨을 들이마실 때 두 다리를 앞으로 밀어낸다는 느낌으로 배를 내밀 것.

가수, 성악가, 연극인과 연기자, 성우 등 발성이 중요한 직업을 가진 이들이라면 반드시 복식호흡법부터 익힌다. 복식호흡이 가진 힘이 그만큼 대단하기 때문이다. 과연 어떤 효과가 있을까?

첫째, 폐의 모양부터 떠올려보라. 위쪽은 좁고 아래는 넓다. 아래쪽으로 갈수록 공기를 담을 수 있는 용적이 크다. 복식호흡을 하게 되면, 입에서 가슴까지보다 입에서 배까지의 공간이 훨씬 넓기 때문에 흉식호흡보다 최대 2L 정도 더 많은 공기를 저장할 수 있다. 2L 여분의 호흡이 있고 없고는 엄청난 차이를 가져온다. 당연히 성량은 커지고 목소리에 힘이 생길 것이다. 만약, 폐 아래쪽 넓은 공간을 전혀 활용하지 않는 흉식호흡으로 이만큼의 공기를 들이마시려면 말하는 도중 가슴을 벌리거나 어깨를 많이 들어 올리는 이상행동(?)을 취해야 할 것이다. 그런가하면 호흡량과 수명이 밀접한 관계가 있다는 연구결과도 있다. 거북이는 1분에 많아야 두 번 숨을 쉬고 200년 이상 장수한다. 1분당 25~30회 숨을 쉬는 개는 평균 수명이 15년 정도다. 그 중간 정도 숨을 쉬는 인간은 중간 정도인 약 80년을 산다. 갓난아기들은 배가 올록볼록 들어갔다 나왔다하며 복식호흡을 하고, 숨이 끊어지기 직전의 인간은 온몸을 들썩이며 흉식호흡을 한다. 그러니 복식호흡으로 폐활량을 늘려보자. 한번은 복식호흡으로 무려 35초를 끄는 학생을 만난 적이 있는데 대학교 치어리더로 활동한다고 했다. 숨이 가쁜 상황에서 자주 연습을 하다 보니 호흡량이 증가한 것이다. 즉, 연습을 하면 할수록 숨도 더욱 길어질 수 있다는 뜻이다. 복식호흡으로 배를 불린 뒤 배가 점점 쪼그라들어 목소리가 마치 염소처럼 떨릴 때까지 총 18초 이상을 유지할 수 있는 사람이라면 웬만큼 긴 대본이나 오래 지속되는 스피치도 전혀 무리 없이 소화해낼 수 있다. 그렇게 되기 위해서는 복식호흡 연습 시 숨이 달리는 바로 그 순간에 '나는 여기까지인가 봐' 하고 무 자르듯 뚝 끝내는 것이 아니라 신음 소리라도 내고 소리를 끊었다 냈다 하는 식으로 사력을 다하며 끌어보라. '더 할 수 있다'는 생각으로 노력하면 5초 정도는 충분히 연장이 가능하며 우리는 이를 '정신력'이라 부른다. 본인의 한계를 넘어서려는 마음가짐과 노력이 뒷받침되어야만 폐활량이 늘어난다.

둘째, 복식호흡으로 더 깊게 숨을 쉬는 과정에서 저절로 숨소리가 안정되므로 발표나 생방송, 어려운 사람과의 만남 자리처럼 긴장되는 상황에서 떨리는 목소리를 진정시킬 수 있다.

셋째, 어깨와 턱, 목둘레에 힘이 들어가 성대에 자극을 집중시키는 흉식과 달리 복식으로는 목이 쉽게 쉬지 않는다.

넷째, 호흡을 할 때마다 어깨가 들썩여 보기에 좋지 않다는 흉식호흡의 단점이 전혀 없다. 만약 무대에 선 발표자나 TV 화면 속 기자, 앵커의 어깨가 오르락내리락 한다면 시청자는 말의 내용에 귀를 기울이기보다는 '왜 저렇게 몸을 흔들까?'하며 그 움직임에 더욱 집중할 것이다. 학창 시절 수업중 한쪽 발을 흔들거나 출석부를 만지작거리며 수업하는 교사들을 만난 적이 있을 것이다. 아무리 대단한 지혜가 담긴 강의라도 흔들림은 집중을 방해한다. 이것이 어깨와 가슴이 아니라 배를 움직이는 복식호흡법부터 다시 배워야 하는 이유다.

8. 복식호흡을 가장 쉽게 마스터하는 법!

복식호흡의 원리와 효과에 대해 이렇게 잘 배워놓고도 막상 말을 할 때는 흉식호흡으로 되돌아가는 것이 초심자들이 가진 가장 큰 문제다. 즉, 머리와 몸이 따로 노는 것이다. 그래서 머리가 아닌 몸으로 복식호흡을 익혀서 말하는 순간 몸이 자동적, 반사적으로 움직이게 만들어야 한다. 다행히 우리 몸의 근육에는 자체 신경을 통한 놀라운 기억력이 있고, 몸의 기억은 머리의 기억보다도 오래간다. 그렇기에 참으로 감사하게도 복식호흡은 한 번만 익히면 평생 다시 배울 필요가 없다. 어린 시절 배운 자전거는 성인이 되어도 여전히 잘

탈 수 있고, 한 번 스키 타는 법을 익히고 나면 매년 겨울이 돌아올 때마다 다시 배우지 않아도 되는 것과 마찬가지. 머리로 외운 동작의 명칭이나 스키 장비 용어는 비록 까맣게 잊는다 해도 말이다.

복식호흡법이 체득화 될 수 있도록 몸에 잘 입력하는 방법을 소개한다.

먼저, '음파' 연습법이다. 정면을 응시한 채 숨을 크게 들이마셔 배를 부풀게 한다. '음~' 소리를 내다가 재빨리 고개를 위로 들고 배를 집어넣으면서 '파' 소리와 함께 순식간에 공기를 뺀다. 세 번을 한 세트로 하여 몇 초 휴식 후 다시 한 세트를 반복한다.

▌복식호흡 체득을 위한 '음파' 연습법

정면을 본 채로 숨을 크게 마셔 배가 부푼 상태에서 '음~' 소리를 내다가 순식간에 고개를 들고 배를 집어넣으며 '파' 소리와 함께 공기를 뺀다. 연이어 같은 동작을 두 번 더 반복한다. 몇 초 휴식 후 세 번 더 반복한다.

다음은 '강아지 호흡법'이라고 이름 붙여본 연습법으로, 두 발로 버티고 서서 앞발을 들고 먹이를 달라며 재롱부리는 강아지의 자세를 상상하면 따라 하기 쉬울 것이다. 두 손을 든 채 팔을 펴서 앞으로 내밀 때마다 '헥' 소리와 함께 배를 집어넣어보자. 세계적인 성악가 조수미 씨가 한 토크쇼에 출연해, 음대 재학 시절 이와 비슷한 동작을 매일 200번씩 반복했다고 이야기한 적이 있을 정도로 복식호흡이나 발성 기본기 숙지에는 효과적인 훈련법이다. '헥헥헥헥헥' 5회 씩을 한 세트로 총 두 번 이상 연달아 실시한다.

이때 한 번의 호흡으로 다섯 번의 '헥' 소리를 내는 것이 아니라 각음마다 한 번씩 배를 크게 불렸다가 쑥 넣으며 자유자재로 복식호흡을 하는 것이 관건이다. 이 연습을 반복하면 할수록 배의 움직임이 익숙해지는 동시에 음성에는 점차 힘이 붙게 된다. 아나운서 아카데미의 시작반 학생들은 이 연습을 매우 힘들어하지만 고급반 학생들은 반 전체가 매우 빠른 속도로 일사분란하게 배를 움직여 마치 에어로빅 학원과 같은 광경이 펼쳐지기도 한다.

▍복식호흡 체득화를 위한 강아지 호흡법

두 손을 앞으로 든 채 앞으로 내미는 흉내를 낼 때마다 '헥'소리와 함께 배를 집어넣는다.
'헥헥헥헥헥' 5회를 한 세트로 두 번 연이어 반복한다.

앞서 말했지만 이러한 방법들이 처음엔 그저 재미있고 우스워보일 수도 있으나 호흡과 발성의 근본 원리를 담고 수많은 사람들의 목소리를 변화시켜 온 효과적인 훈련이니 아주 진지하게 행해주길 부탁드린다.

이외에도 복식호흡이 자리를 잡을 때까지는 한쪽 손은 배에 얹고, 다른 쪽 팔은 가슴을 가로질러 어깨에 얹은 뒤 연습하도록 하자. 이때 확인할 것은 첫 음을 내기 직전 배가 빵빵하게 부풀었는지, 또 예문 리딩을 하는 동안 어느 정도 배가 단단히 유지되다가 서서히 공기가 빠져나가 마지막 음을 낼 때 배가 홀쭉하게 들어갔는지의 여부이다. 어떤 경우에도 어깨를 누르고 있는 팔이 움직여서는 안 된다. 어깨 들썩이지 말자! 달리기에서도 팔 흔들고 어깨 움직임이 많은 선수일수록 많이 지친 것이다. 당신의 호흡은 100M를 전력질주한 단거리 육상 선수가 아니라 규칙적이고 고른 마라톤 선수의 호흡 같은 것이어야 한다.

▌두 팔을 활용해 복식호흡 확인하기

왼손은 배에, 오른손은 가슴을 가로질러 어깨에 둔다.
아래 예문을 읽으면서 첫 음을 내기 직전 배가 부풀었다가 다시 숨을 쉬기 직전 마지막 음을 낼 때마다 배가 들어가는지 확인한다.

식물은 주인의 발소리를 듣고 자랍니다.
당신은 완벽하지 않다.
완벽하지 않다는 것은 당신이 실력이 없다는 뜻이 아니다.

바로 당신이 '사람'이라는 뜻이다.

누구나 실수를 한다.

문 닫히는 전동차 미련 없이 보내야 / 다음 차가 빨리 옵니다.

'자녀에게 어떤 아빠가 되고 싶냐'는 질문에 / '엄마를 사랑하는 아빠'라
고 답한 사람이 있습니다.

보이스 트레이닝 기본기에 대한 올바른 마인드와 접근 방법에 대
한 조언으로 1장을 마무리하려 한다. 머리로 하는 공부야 한 번 책
상 앞에 앉으면 엉덩이를 풀로 붙인 듯 집중력 있게 해야 한다지만
몸은 그 반대다. 이틀에 한 시간씩 몰아서 복식호흡 연습을 하기 보
다는 하루 30분씩 두 번, 혹은 10분씩 여섯 번에 나눠 연습할 때 훨
씬 효과적이다. 장기적으로는 호흡이나 발성 연습을 위한 시간을 따
로 내기 보다는 평소 생활의 일부분으로 삼는 편이 현명하다. 엘리
베이터를 기다리거나 버스, 지하철에 서 있는 동안, TV를 보거나
잠자리에 누웠을 때 등 일상에서 단 몇 분씩이라도 복식호흡을 꾸준
히 실천해 보자.

우리는 평소 흉식호흡 방식에 익숙해져 있기 때문에 단 몇 번 시
도로 복식호흡을 마스터하기는 힘이 든다. 또 교육 현장에서 많은
학생들을 지켜본 결과 복식호흡은 마치 '득음'과도 같이 어느 날 한
순간에 깨달음이 오는 경우가 많았다. '어느 순간 되더라'가 정답이
다. 돌이켜보면 나 역시 보이스 훈련을 시작한 지 얼마만에 복식호
흡이 가능해졌는지 잘 기억도 나지 않는다. 처음에는 분명 복식호흡

이 안 되어 고민하고 전전긍긍하는 시간을 보냈는 데 몇 개월 후에는 아무 신경을 쓰지 않고도 자연스럽게 호흡과 발성을 할 수 있었던 것 같다. 그러니 변화가 없다고 실망하지 말고 꾸준히 연습을 지속하기만 하면 된다. 연습 방향이 맞다면 속도는 중요치 않다는 생각으로 무조건 계속하기! 힘들다고 멈추면 안 된다. 그러다보면 어느 날 문득 깨달음이 찾아오고, 근사한 목소리를 내고 있는 자신을 발견하게 될 것이다.

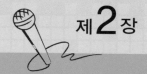

제 **2** 장

전략

누적 연습시간 : 두 시간
예상 소요시간: 세 시간
준비물: 거울, 열정

세상의 모든 좋은 목소리 이렇게 만든다.

1장에서 우리는 목소리의 기본기에 대해 배웠다. 그러나 자세나 폐활량, 호흡법만 좋다고 다 해결되는 것은 아니다. 만약 그렇다고 한다면 이 세상 모든 수영, 마라톤 선수들은 다 훌륭한 성우가 되었을 것이다. 또 건설현장의 노동자들은 삼겹살을 먹으니 목에 낀 먼지도 벗겨지고 작업장에서 큰 목소리가 아주 잘 나더라고 하지만 좋은 목소리를 낸다는 것은 막노동과는 완전히 다른 차원의 일이다. 제대로 된 기술 습득이 필요하다.

신이 인간에게만 준 선물, 목소리. 다른 어떤 악기도 흉내 내지 못할 놀랍고도 가장 섬세한 악기를 당신은 이미 갖고 있으면서도 조율하지 않고, 멋진 연주를 시작해 보려 하지도 않는다면 정말 안타까운 일이다. 더군다나 사용법도 모르면서 무지에서 나오는 용기로 남용하는 것은 더 나쁘다. 좋은 목소리란 곧 큰 목소리라고 믿으며 소중한 성대를 있는 대로 조이고 누르면서 힘을 가하진 않았는가? 뭔가를 많이 알고 교양 있고 무게를 갖춘 사람으로 보이고 싶어 무작정 톤을 낮추거나 반대로 높게 말하면 잘 알아들을 거라 생각한 적은 없는지?

이 장에서는 성량, 공명, 어조, 발음, 포즈에 이르기까지 세상에 존재하는 거의 모든 종류의 멋진 목소리를 만들어내는 구체적인 테크닉들을 집중적으로 다룬다. 2장에 필요한 시간은 세 시간이다. 당신이 만약 오늘 오전 열 시에 이 책의 첫 페이지를 펼쳤다면 1장을 읽는 데 두 시간 정도가 걸렸을 테고, 지금쯤 점심을 먹은 뒤 약 오후 한 시부터 2장을 읽고 있을 것 같다. 끈기를 갖고 끝까지 한다면 앞으로 세 시간 뒤인 오후 네 시경에는 변화된 목소리가 당신을 기다릴 것이다. 이번에 접하게 될 훈련법들 역시 아주 재미있다. '로켓 발성법', '베어풋 발성법', '롤리팝 연습법', '악어입 연습법'이란 과연 무엇일지 상상이 되는가? 당신과의 보이스 트레이닝을 어서 빨리 시작하고 싶다!

1. 시원하게 뻗어나가는 목소리 만들기 비법

"25세 남자입니다. 10대 때 변성기가 오면서 어느 순간부터 작은 목소리가 되었습니다. 대화할 때 상대방이 제 말을 잘 알아듣지 못하는 일이 많습니다. 여러 소음으로 혼잡한 곳에 가면, 제 목소리는 아무리 크게 내려 해도 주변 소리에 묻혀버립니다. 분명 주변 소음 크기가 그렇게 크다고 느껴지지 않는 데도 뭔가 제 목소리는 묻혀서 거의 들리지 않습니다. (물론 저 말고 주변의 다른 사람들은 자기들끼리 대화를 잘만 하고 있습니다.) 지금까지는 그러려니 하고 살아왔지만, 좋아질 수만 있다면 꼭 개선해 보고 싶습니다."

내가 운영중인 발성·발음·스피치 인터넷 강의 사이트에 올라온 어느 수강생의 실제 고민이다. 통화보다 문자를 더 많이 쓰고, 사무실마다 메신저를 이용하며 텍스트가 말보다 더 편하다 여기는 시대라서일까? 요즘에는 남녀를 막론하고 작고 패기 없는 목소리, 입 앞에서만 맴맴 도는 답답한 음성으로 고민하는 분들이 많다. 하지만 이런 때일수록 남다른 목소리로 제대로 말할 줄 아는 것이 성공으로 가는 지름길이다. 성공이라는 확고한 목표를 가진 사람이라면 아래와 같은 방법으로 시원하게 뻗어나가는 폭포수 줄기처럼 탁 트인 목소리 만들기에 투자해 보자.

첫 번째는, '로켓 발성법'이다. 키즈 스피치 강사로 아이들에게 발성을 가르치고자 개발한 방법인데 초등학생들 앞에서 아무리 복식 호흡과 발성의 원리가 이렇고, 배의 수축이 어떻다고 설명해 봐야

소용이 없다. 대신, "자, 이제부터 우리 몸이 로켓이 되었다고 생각하는 거예요! 두 팔을 앞으로 쭉 뻗고 몸을 밀면서 로켓이 '슝'하고 발사되는 흉내를 내보자!"라고 외치는 것이다. 그러면 아이들은 웃으면서 강사가 원했던 바로 그 생동감 넘치며 크고 강한 목소리를 들려주기 시작한다. 특히 반장·회장선거 스피치를 준비하는 학생들에게는 아래와 같은 훈련이 목소리 변화와 함께 쑥쑥 올라가는 자신감이라는 귀중한 선물까지 가져다준다.

▌로켓 발성법

각 음절마다 두 팔을 앞으로 뻗으며 로켓이 발사되는 흉내를 냈다가 원위치로 돌아온다.
두 팔 위에 내 목소리를 싣는다는 상상을 하며 팔과 목소리를 힘 있게 앞으로 밀어내본다.
팔이 몸 앞으로 들어올 때는 숨을 들이마시며 배를 볼록하게 한다.
로켓이 전진할 때 후미의 불꽃은 뒤로 나가듯이 팔이 앞으로 나가는 동시에 배는 수축되게 한다.

카 캬 켜 코 쿄 쿠 큐 크 키

아래 예문의 각 어절(띄어쓰기의 단위)의 첫 음절('일' '묵' '대' '인' '있' 등)마다 위 동작을 반복한다.

일동 **묵**념!
대표이사의 **인**사말씀이 **있**겠습니다.

두 번째는 투수발성법. 한쪽 팔을 들고 첫 음을 소리 낼 때마다 마치 야구 시합중인 투수가 있는 힘껏 공을 던지는 듯한 모션을 취하는 것이다. 이때 손에 힘을 주는 것이 아니라 어깨에 살짝 힘이 들어간 상태에서, 귀 옆까지 팔을 올려 어깨의 힘으로 내 목소리를 돌돌 말아 만든 야구공을 뿌린다는 상상을 하면 가장 효과적이다. 또한 내 목소리를 압축해 만들어 낸 이 가상의 공 하나에 전신의 힘과 온몸의 무게를 싣는다는 생각으로 '전력투구'를 해야만 한다. 어느 타자도 함부로 쳐낼 수 없는 강한 볼이야말로 곧 어떠한 주변의 방해와 소음에도 끄떡없이 잘 전달되는 시원한 목소리와 같다.

▌투수 발성법

한쪽 팔을 들고 첫 음을 낼 때마다 공을 던지는 흉내를 낸다.

손보다는 어깨에 살짝 힘을 줘 귀 옆까지 올린 상태에서 내 목소리를 말아 만든 공으로 전력투구하는 모션을 취하며 각 음절을 외친다.

타 탸 터 텨 토 툐 투 트 티

각 어절의 첫 음절('안' '반' '수' '일' '고' '맞' 등)마다 위 과정을 반복한다.

안녕하십니까? **안**녕하세요! **반**갑습니다.

안녕하세요? **저**는 ○○○입니다.

수험번호 **일** 번 ○○○입니다.

고객님이 **맞**습니다.

세 번째는 '베어풋 발성법'이라는 이름을 붙인 훈련법이다. 이름 그대로 상체를 아래로 굽히고 두 팔을 완전히 늘어뜨려 네 발로 선 곰과 같은 몸을 만든다. 발성을 할 때마다 제 자리에서 쿵쿵 뛰며 소리를 앞으로 토해내 본다. 그러면 몸의 반동에 따라 필연적으로 소리가 앞으로 나올 수밖에 없다는 원리를 이용해 만들어본 발성법이다. 이제껏 나는 단 한번도 '목소리가 앞으로 나가는' 경험 자체를 해 본 적이 없다거나, 시원하게 뻗어 나가는 소리에 대한 감을 잡지 못한 분들에게는 더욱 유효할 것이다. 이 동작 시에 받은 느낌을 잘 기억해 두었다가 평소 자신의 말에 적용하면 된다.

지금은 프리랜서로 활동중인 전직 KBS 아나운서 O양은 발레 전공자다. 발레리나답게 지극히 마르고 가냘픈 몸매를 지닌 그녀는 아나운서 준비생 시절 여리디 여린 목소리로 고민이 많았는데, 발성 연습표와 신문 기사를 크게 확대해 바닥에 깔고 몸을 굽혀 큰 소리로 읽는 연습을 꾸준히 함으로써 단점을 극복해냈다는 합격 후기를 남긴 적이 있다.

▌베어풋 발성법

허리를 굽히고 두 팔을 늘어뜨려 네 발로 선 곰 자세를 만든다. 소리 낼 때마다 온 몸의 반동을 이용해 쿵쿵 뛰며 소리를 앞으로 토해낸다.

파 퍄 퍼 펴 포 표 푸 퓨 프 피

각 어절(띄어쓰기 단위)의 첫 음절('탑' '감' '안' '처' '국' '하' 등)마다 위 동작을 반

복한다.

탑승에 **감사**드립니다.
안전하게 **처**리됐습니다.
국민의례를 **하**겠습니다.

    마지막으로 내 입에서 마치 무지개가 뻗어나가는 상상을 하며 목소리로 포물선을 그리듯 훈련하는 것이 바로 '무지개 발성법'이다. 듣는 이에게 신뢰를 주는 동시에 호감을 얻을 수 있는 가장 좋은 목소리들을 시각화해 보면 공통적으로 직선이 아닌 동그란 포물선이 된다는 원리에 착안해 만든 연습법이기도 하다.

    실제 교육 현장에서 이 방법을 가르칠 때면 학생들의 손가락 사이사이가 떠 있는 경우를 자주 보는데, 엄지를 제외한 네 손가락은 딱

▌ 무지개 발성법

> 한 손을 들고 입 앞에서 시작해 무지개 모양의 동그란 원을 그리듯 팔을 펴면서 소리를 낸다.
>
> **가 나 다 라 마 바 사 아 자 차 카 타 파 하**
>
> 각 어절의 첫 음절('양' '입' '지' '한' '이' '시' '부' '열' 등)마다 위 동작을 반복한다.
>
> **양**가 어머님은 **입**장해 주시기 바랍니다.
>
> **지**금부터 **한**국산악회 '**이**십 육차 정기총회'를 **시**작하겠습니다.
>
> **부**산경남 시민을 위한 **열**린 바다 **열**린 축제!

붙이고 팔에 힘을 주어 절도 있는 동작을 취해야만 목소리도 덩달아 야무지고 또렷해진다. 이 연습을 꾸준히 하면 '부드러우면서도 밀도가 느껴지는 목소리', '알맹이가 있는 단단한 음성'으로의 변화가 반드시 찾아온다.

2. 고성능 마이크 심은 듯 근사하게 울리는 목소리 만들기

목소리의 '공명'을 자유자재로 조절할 수만 있다면 좋은 성능의 마이크 하나를 늘 내 몸속에 탑재해 다니는 것과 같다. 생각만 해도 근사한 일 아닌가? 공명이란 곧 소리의 울림인데 우리가 흔히 '목소리 좋은 사람'하면 떠올리는 연기자 이병헌, 이선균, 김희애, 수애 등의 공통점은 중저음에서 풍성하게 울리는 목소리를 가졌다는 것이다. 공명음을 내면 듣는 이의 호감도 자체가 급상승하고, 멀리 있는 사람에게까지 부드럽고 안정적이며 구김이 없는 소리를 전달할 수 있다. 또한 목소리에 볼륨감이 없으면 얇고 경박한 인상, 어딘지 모르게 들떠 있고 촐랑대는 느낌을 주는 반면 깊이감 있게 진동하는 공명음은 목소리를 듣는 상대에게 내가 깊이가 있는 사람이라는 이미지를 주는 효과도 있다. 다시 강조하지만, 목소리는 듣는 이로 하여금 나이, 학력, 사회 경제적 수준은 물론이고 정서적 상태와 행동양식, 성격까지 나의 많은 부분들을 평가하고 가늠케 하는 중요한 잣대로 작용한다. 그리고 목소리를 토대로 내려지는 판단의 정확도,

신뢰도는 꽤 높은 편이다. 보이스 트레이닝 교육 대상자들의 음성 파일을 미리 들을 때 머리 속에 떠올랐던 이미지와 며칠 뒤 만난 참석자의 모습이 너무나도 비슷했던 적이 상당히 많다. 목소리에 아무런 꾸밈이 없고 지나치게 정직한 발화 형태를 보였던 여성분은 실제 수업에도 화장기 전혀 없는 얼굴, 남자처럼 짧게 자른 머리에 편한 옷차림, 운동화를 신고 오셨고, 음성 녹음 파일을 누르던 순간, 바람에 하늘하늘 흔들리는 흰색의 코스모스가 떠올랐던 분은 170cm가 넘는 크고 바짝 마른 몸의 소유자인데다 강의 당일 흰색의 하늘하늘한 블라우스까지 입고 오셔서 깜짝 놀랐던 경험까지 있다.

다시 우리의 주제, 공명으로 돌아와 상대에게 매우 긍정적인 인상을 주는 이 공명음을 만드는 기관을 쉽게 '울림통'이라고 부른다. 훌륭한 울림통을 유전적으로 타고 나는 축복받은 사람들도 물론 있다. 한국경제TV 기자 겸 앵커로 입사할 당시 나의 동기였던 남자 신입 PD는 전문 성우들을 제외하고는 지금껏 내가 만난 주변인 중 가장 깊고 넓은 '동굴 목소리'를 가진 사람이다. 대화를 할 때마다 목소리의 울림이 남다르다 생각했는 데 알고 보니 동기의 아버지는 MBC 아나운서 출신이자 한국의 대표 DJ 김기덕 씨였고, 큰 아버지는 KBS의 〈스펀지〉라는 프로그램에서 '~는 네모다'라는 목소리로 친근한 성우 김종성 씨였다.

하지만 조상 중 내게 울림통 유전자를 물려줄 DJ나 성우가 없다고 실망할 필요는 전혀 없다. 그런 식의 행운이 태생적으로 허락되지 않은 사람들이라면 아래의 방법으로 얼마든지 울림 있는 목소리를 만들 수 있기 때문이다.

공명음이 무엇인지부터 간단히 체험해 보자. 입 주변에 손바닥을 대고 '음~', '믐믐믐~', ' 맘맘맘맘맘맘~'이라고 소리를 내면서 마지막 음을 수 초간 유지하면 떨림과 울림이 손으로 전해질 것이다. 방송국 보도국 기자들의 치열한 세계를 그린 MBC 드라마 〈스포트라이트〉에는 뉴스앵커 오디션을 앞둔 배우 손예진 씨가 대기실에서 '개구리 뒷다리'라고 여러 차례 외치며 연습하는 장면이 있었는데 이 또한 표정 연습 겸 공명음 훈련에 도움이 된다. '개구리 뒷다리'라고 반복하며 '리'자를 오래 끌어보자. 목소리의 진동, 입 주위의 간질거림이 느껴질 것이다. 바람직한 현상이다.

▌공명음 쉽게 체험하기

음~ (5초)

믐믐믐~ (5초)

맘맘맘맘맘~ (5초)

맴맴맴맴맴~ (10초)

개구리 뒷다리~ (5초) 개구리 뒷다리~ (5초)

지금부터는 아름다운 공명음을 내는 구체적인 요령을 직접 실험을 통해 알아보겠다.

첫째, 입안 공간이 넓어야 한다. 밖에서 볼 때 나의 혀 끝이 충분히 보이도록 혀를 윗니와 아랫니 사이에 가볍게 끼우고, 입 안 공간을 완전히 좁힌 채로 먼저 '음 음' 소리를 낸 뒤 입에 공기를 가득 넣어 양볼을 **빵빵**하게 부풀린 상태에서의 목소리를 비교해 보라. 입 안 공간의 너비과 울림은 정확히 비례한다.

▌공명음 실험 1

> (윗니와 아랫니 사이로 혀끝을 물고) '음 음'
> (양 볼에 공기를 가득 머금고) '음 음'

둘째, 입모양을 좌우, 상하로 많이 벌려야 한다. 예컨대, 입을 소심하게 놀리면서 제대로 발음하지 않아 '북한이'를 [브캬니]에 가깝게 한다든지, '문구가'를 대충 [믄끄갸]로 읽어서는 절대로 공명이 발생하지 않는다. 아래 예문을 두 가지 버전으로 읽어보며 직접 차이를 느껴보도록 하자.

▌공명음 실험 2

> 북한이 [브캬니] – [부카니]
> 문구가 [믄끄갸] – [문꾸가]

셋째, 미음으로 시작되는 단어 앞에는 '음'을, 니은 앞에는 '은'을 붙여 발음하는 것도 내 목소리의 울림을 증폭시키는 영리한 방법이다. 그러나 이때 '음 / 미음' 식으로 떨어진다면 아주 부자연스럽고도 기괴한 식의 발음이 되니, '미음' 앞에 살짝 '음' 붙여 '음'에서 '미음'으로 순식간에 스르륵 넘어가듯 처리해야 알맞다. 코를 살짝 울리며 말하는 듯한 느낌을 주거나 치아 주변에서 시작된 소리가 나의 얼굴 속에서 재빨리 한 바퀴를 돌며 눈 주변과 코를 거쳐 다시 입으로 나오는 상상을 하면 목소리의 공명감이 전과는 확연히 달라진다. 목소리에 따로 뇌가 있는 것이 아니므로 오로지 내 자신이 상상하고 믿고 추구하는 방향 그대로 따라오게끔 되어 있다. 같은 방법으로 이응으로 시작하는 음절을 발음할 때는 앞에 '응'이 있다는 듯, 또 리을이 들어간 단어는 어두에 '을' 발음을 아주 조금 넣어 주면 된다.

▌공명음 증폭시키기

음미음 → 은니은 → 음마음 → 은나비 → 음명함 → 은나귀
응안녕하세요 → 을랄랄랄랄라

　넷째, 막대사탕 무늬를 표현하듯 한 손으로 점점 커지는 원을 그리면서 말해 보는 것이다. 동심원이 여러 개 생기는 동시에 목소리 또한 울림을 남기며 점점 증폭되어 간다. '음'이라는 허밍음에서 시작해서 손으로 동그라미를 만들며 '아에이오우', '가나다라마'를 외쳐 보고, 그때 경험한 느낌을 최대한 유지하며 아래 문장을 읽어본다. '맞습니다.'를 말할 때는 가장 작은 동그라미, '고객플라자로'에서 중간 크기의 동그라미를 완성시키고 연이어 손가락을 뱅뱅 돌리며 '내방하시면 됩니다.'를 말한다.

▌ 롤리팝 연습법

음→ 아→ 에→ 이→ 오→ 우
음→ 가 → 나 → 다→ 라→ 마

맞습니다. / 고객플라자로 / 내방하시면
됩니다.
저희 지점 영업시간은 / 평일 오전 9시부
터 / 오후 4시까지입니다.
우리 비행기는 / 잠시 후 / 인천공항에
착륙합니다.

목소리라는 것은 결국 '모음'이 만든다. 자음 그 자체로는 아무 음
가가 없고, 자음이 모음과 결합한 뒤에야 비로소 남의 귀에 하나의
소리로 인식되기 때문이다. 즉, 누군가 [s] 혹은 [sh]에 가까운 소리
를 반복해서 낸다 해도 어떠한 의미를 지닌 목소리라고 인정받지 못
한다. 자음 'ㅅ'에 모음 'ㅗ'가 합쳐져 [소]라는 음절이 되었을 때 비
로소 목소리가 되는 것이다. 따라서 호흡을 진동시켜서 목소리를 만
드는 역할을 담당하고 있는 모음을 신경 써서 전보다 조금 더 길게,
분명히 발음하는 것도 목소리에 공명감을 심는 요령이 된다. 자음은
어디까지나 자식에 불과할 뿐, 모음은 이름 그대로 발음을 탄생시키
는 발음의 '어머니'임을 기억하라. 부모가 강해야 훌륭한 자식을 기
대할 수 있다. 발음의 뿌리부터 신경써 보자.

▍모음강조법

사슴 → 아음 → 사아스음

소송 → 오옹 → 소오소옹

조인성 → 오이엉 → 조오이인서엉

장현정 고객님 → 아이어 오애이 → 자앙혀언저엉 고오개앵니임

조치를 취합니다 → 오이을 우이아이아 → 조오치르을 취이하암니이다아.

그 외에도 집게손가락, 또는 얇은 종이를 자신의 입술 또는 입 앞에 대고 발화하거나 벽처럼 마주한 공간을 직접 만져 보면서 표면의 진동을 느껴보자. 떨림이 더 세게 전달될수록 공명이 풍부한 소리라고 할 수 있다. 나는 아나운서 준비생 시절, 함께 실기 시험 준비를 하던 스터디원들의 갑작스러운 불참으로 공명음이 뛰어난 남학생과 단 둘이 2인실에 마주 앉아 기사 낭독을 한 적이 있다. 매우 좁은 공간 때문인지 두 시간 내내 앞 사람이 소리를 낼 때마다 책상과 유리컵이 떨리는 것은 물론 심지어 나의 팔과 얼굴까지 간질거렸던 기억이 난다. 무협지에 자주 등장하는 필살기로서 듣는 순간 고막이 파열되고 땅이 흔들리며 건물들마저 다 무너지고 그리하여 마침내 소리가 사라졌을 때는 영역 안 모든 것들이 파멸되어서 천지가 고요하다는 '사자후'란 바로 이 공명음의 가장 극대화된 형태가 아닐까?

3. 성숙하고 안정적인 목소리 갖추기

목소리에도 나이가 있다. 너무 늙지도 어리지도 않은, 안정적이며 성숙한 목소리가 가장 이상적인데 특히 어린 아이 같은 음성, '아성'은 신뢰감과 전달력 측면에 있어 치명적이다. 그래서 내가 매일 만나는 아나운서 지망생들은 하나같이 성숙한 목소리 만들기에 큰 공을 들인다. 준비생 중에는 갓 고등학교를 졸업한 10대부터 20대 초중반이 대다수다보니 정말 나이가 어려서 어린 목소리가 나는 경우도 있지만, 실제 나이와 상관없이 아나운서라면 성숙한 음성을 내야 하고 외모도 30대 정도로 '들어 보이게' 스타일링 하는 편이다. 그래야만 '애가 말 하네'가 아니라 50대 CEO, 60대의 주부, 7~80대 어르신들까지 전 연령대, 각계각층의 시청자들이 앵커의 목소리에 진지하게 귀를 기울일 테니 말이다.

부산경남지역의 SBS 계열사인 KNN 저녁뉴스 앵커로 일하던 시절, 매일 밤 내가 진행하는 뉴스를 보신다던 한 시청자를 공개방송 후 직접 만나 뵌 적이 있다. 베이커리를 운영하는 분이셨는데 내게 초콜릿 케이크 상자를 건네시며 하시는 말씀이 평소 TV화면에서는 내가 30대 중반인 본인 또래로 보여 당연히 결혼도 하고 자녀도 있을 거라는 생각에서 아이들이 좋아할 캐릭터 케이크를 가져오셨다고 …… 당시 내 나이는 정확히 25세였다! 20대 아가씨가 자녀까지 둔 기혼자로 10년은 늙어 보인 데는 분명 연습을 통해 만들어 낸 성숙한 목소리가 한몫 했을 것이다.

만약 당신이 지금 미성숙한 목소리로 고민이라면 첫째, 톤은 무조건 낮춰야 한다. 여성의 경우 처음에는 남자가 되었다고 생각하고 마치 남자 연기를 한다는 느낌으로 톤을 낮추면 쉽다. 그 과정에서 주위로부터 '목을 눌러 낸다.', '목소리가 듣기 거북하다.'는 평가를 들을 수도 있지만 개의치 않고 계속 노력하다 보면 나와 남들 모두 편안함을 느낄 수 있는, 너무 높지도 낮지도 않은 적당한 톤을 반드시 찾아가게 된다. 누구도 처음부터 완벽할 수는 없다. 신체적으로 부자연스럽고 어딘지 모르게 어색한 청소년기를 지나야만 조화롭고 균형 잡힌 몸의 어른이 될 수 있는 것과 마찬가지다. 불편하고 볼품없는 시기를 견뎌야 목소리에도 변화가 생기고, 새로운 톤을 얻을 수 있는 법! 톤을 낮추는 데는 '솔파미 톤 만드는 법'이 특효제인데 먼저, 편안한 상태에서 '음~아~안녕하세요.'라고 말해 보고 그 음을 계이름 중 '솔'로 잡자. '솔파미' 혹은 '솔파미레'로 톤을 점점 낮춰 간 뒤 바로 그 낮은 톤을 '안녕하세요.'와 '음~아'에 그대로 적용해 본다.

▌솔파미 톤 만드는 법

음~아 (5초) – 안녕하세요? – 안 – ('안'과 같은 톤으로) 솔파미 – ('미'와 같은 톤으로) 안 – 안녕하십니까? – 음~아 (5초)

음~아 (5초) – 안녕하십니까? – 안 – ('안'과 같은 톤으로) 솔파미레 – ('레'와 같은 톤으로) 안 – 안녕하십니까? – 음~아 (5초)

첫 음을 낮춰서 잘 잡아야만 그걸 중심 톤 삼아 문장 전체를 알맞은 음으로 제대로 이어갈 수 있다. 뭐든 시작이 중요하다. 따라서 지금까지 오토 자동차를 몰 듯 목소리를 내왔다면 이제부터라도 수동 변속기로 작동되는 차로 바꿔 탔다 생각하자. 아무 생각 없이 말을 시작할 것이 아니라 내 목소리의 기어를 조작해 낮은 음으로 세팅하는 일종의 '스탠바이' 과정을 거친 후 비로소 첫 음을 내도록 한다.

둘째, 어른스럽지 못한 목소리를 가진 사람들의 99%가 보이는 특징으로서, 두세 번째 혹은 끝 음절에 힘을 주며 반복적으로 올리는 버릇은 성숙하고 안정된 목소리 만들기에는 위기이자 곧 재앙이다. 위로 상승하는 화살표가 적힌 중간, 끝 어미마다 강세를 주어 음을 올리면서 아래 예문을 읽어보자. 순식간에 유치원·초등학생 목소리가 만들어진다.

▌아성 느껴보기

안녕하／십니까／? 일학년／ 일반／ 십이번／ 박은주／입니다／.
안녕하／세요／? 박은주／입니다／.
올림픽에서／ 삼위／, 동메달을／ 차지했습니다.

이때, 강세의 위치 변화 하나만으로도 순식간에 목소리가 180도 달라진다. 중간 음절, 끝 음절에서 첫 음절로 강세의 위치를 변화시킨다면, 톤의 출렁임이 줄고 목소리가 안정화되며, 정보전달력이 향상되고 훨씬 또렷한 보이스 이미지를 만들 수 있다. 별 의미가 없는 종결어미 '다' '요'나 중간어미 '하', 그리고 상대적으로 덜 중요한 '년' '반' '번'에 힘을 주지 말고, 핵심 내용을 담고 있는 중요한 부분에 힘을 주자. 즉, '일학년 일반 십이번'에서 중요한 정보는 '일' '십이'라는 숫자 자체이지 '년' '반' '번'이 아니다. "우리 선수가 이번 올림픽에서 삼위로, 동메달을 차지했습니다."라는 문장에서도 사람들이 가장 궁금해 하는 부분은 '위'라는 단위나 '을' 같은 조사이기 보다는 '삼'이라는 숫자, 메달의 색깔인 '동'이라는 사실을 명심하고 엉뚱한 부분에 힘주지 않도록 한다. 첫 음절에 힘주어 강조하게 되면 중간, 끝 어미에서는 저절로 강세가 빠진다. 하나의 의미단위에서는 중간, 끝 부분보다 첫 부분에 핵심 정보가 위치하는 경우가 대부분이라는 것도 알아두자.

▌성숙한 음성으로 바꿔보기

안녕하십니까? **일**학년 **일**반 **십**이번 **박**은주입니다.
안녕하세요? **박**은주입니다.
올림픽에서 **삼**위, **동**메달을 **차**지했습니다.

만약, 강세 위치 옮기기가 어렵게 느껴지는 분이 있다면 '꽃봉오리법'과 '박수치기'를 적용해 보자. 아래 예문을 읽으며 '봉오리'라고 적힌 부분은 손을 오므리며 작게 읽고, '꽃'으로 표기된 첫 음절에서는 꽃망울이 활짝 터지듯 손가락을 펼치는 동시에 음성에 힘을 주어 크게 읽으면 된다. 예를 들어 '우리 열차는 잠시 후 대구역에 도착하겠습니다.'라는 문장을 읽는다면 '우, 잠, 대, 도' 부분에서 손가락을 힘 있게 펼치고, '는, 후, 에, 다'는 오므린 채 힘을 뺀다. 철도대학에서 KTX 기관사, 승무원들을 대상으로 안내 방송 보이스 트레이닝 교육을 할 때 활용했던 연습 방법으로서 이런 식으로 키워드 부분에 강세를 준다면 '구포역'에 내릴 사람이 잘 못 알아듣고 '대구역'에서 내릴 위험이 없다.

▌꽃봉오리법

한 손을 들고 봉오리가 맺혔다가 꽃이 활짝 피듯 다섯 손가락을 오므렸다 펼쳤다 세 번씩 반복한다.
목소리와 손 모양을 일치시켜 '꽃' 부분에서는 손을 펼치며 힘 있는 소리를 내고 '봉오리'에서는 손을 오므리며 목소리에 힘을 뺀다.

(꽃) 안녕하세요? (꽃) 손석희 (봉오리) 입니다.

(꽃) 오 분 (봉오리) 후, (꽃) 팩스 (봉오리) 로 (꽃) 보내드리겠습니 (봉오리) 다,

(꽃) 잠시 (봉오리) 만 (꽃) 기다려주시겠습니 (봉오리) 까?

(꽃) 보람아파 (봉오리) 트 (꽃) 몇 (봉오리) 동 (꽃) 몇 (봉오리) 호 입니까?

(꽃) 우리 열차 (봉오리) 는 (꽃) 잠시 (봉오리) 후 (꽃) 대구역 (봉오리) 에 (꽃) 도착하
겠습니 (봉오리) 다.

혹시 손동작과 음성이 따로 놀며 도무지 목소리가 통제가 되질 않
는 분이 있는가? 이도 저도 여의치 않은 상황에서 첫 음절 강세 넣
기를 제일 쉽게 배우고자 한다면 그냥 박수를 치면 된다. 박수를 치
는 순간 저절로 우리 몸과 음성에 힘이 들어가기 때문이다. 아래 예
문을 읽으며 첫 음절에 박수를 치고 '다' '까' '입니다'와 같이 의미 없
는 종결어미에서는 힘을 빼는 훈련을 해본다.

▌박수치기

> (박수) 반갑습니다. (박수) 송중기입니다.
>
> (박수) 청호한의원 (박수) 대표원장 (박수) 강소라입니다.
>
> (박수) 번아웃신드롬을 (박수) 알고 계십니까?
>
> (박수) 양해해주시면 (박수) 최선을 다해 (박수) 처리해 보겠습니다.
>
> (박수) 여러분. (박수) 비교하지 마십시오. (박수) 비참해지거나 (박수) 교만
> 해지니까요.
>
> (박수) 휴가! (박수) 휴대폰을 껐습니다. (박수) 가족과 함께 하는 시간이니
> 까요!

셋째, 어린 목소리는 턱을 내리지 않고 입을 옆으로만 많이 벌리
는 습관 때문이다. 턱을 사용하지 않고 입을 가로로만 찢은 상태로
낼 수 있는 모음은 '으'나 '이'뿐이다. 그래서인지 아성 사용자들의

목소리를 연구해 보면 '어' 모음이 마치 '오'나 '으'처럼 들리고, '오'나 '우' 모음도 '으'와 비슷하게 나거나, 거의 모든 모음에 '으'나 '이' 음가가 섞여서 발음될 때가 많다.

종합편성 채널의 프리랜서 성우로 더빙을 하다보면 목소리 변조를 해야 할 일이 많은데, 특히 어린 아이 목소리가 필요할 때 나는 역으로 이 방법을 적극 활용하는 편이다. 입술을 양 옆으로 팽팽하게 당기고 세로 폭을 가급적 줄이면 예컨대, '보험'은 [보홈]으로, '어떻게'는 [어뜨케]로 소리 난다. 또한 '철수 책상', '전기전자'과 같은 어구에는 '이'나 '으' 모음을 섞어서 각각 [철쓰책썅] [정기견쟈]에 가깝게 발음한다면 영락없는 철부지 목소리로 들린다. 다시 성숙하고 안정된 목소리로 돌아가려면 턱을 이용해 좌우뿐 아니라 상하로 입을 크게 벌리면 된다.

▌아성과 성숙한 음성의 입모양 차이 느껴보기

보험 [보홈] – [보험]

처리 [쳐리] – [처리]

수정구 [수정규] – [수정구]

몇 가지 좀 여쭙고 [멷 까지 즘 여쭙꾸] – [멷 까지 좀 여쭙꼬]

성함이 어떻게 되세요? [성하미 어뜨케 되세여] – [성하미 어떠케 되세요]

철수 책상 [철쓰 책썅] – [철쑤 책썅]

전기전자 [전기전쟈] – [전기전자]

주소지가 [주소지가아] – [주소지가]

어느 은행 이용하십니까 [어느 은행 이용하심니끼아] – [어느 은행 이용
하심니까]

예약 하셨습니까? [예야 카션씀니까아] – [예야 카션씀니까]

4. 분위기 있고 세련된 목소리로 바꾸기

'분위기 있다'는 말은 어떤 뜻일까? 요란하지 않고 고상하며 은은
한 것. 깊이와 기품, 교양이 느껴지면서 세련되고도 고급스럽다는
의미? 한 마디로 그냥 최고의 칭찬인 동시에 '초긍정'적인 평가일 것
이다. 예쁘장한 아이돌 가수는 볼 때 환호하고 말지만, 영화배우 탕
웨이 같이 '분위기 있는' 여성은 나중에 잠자리에 누워도 한 번 더 생
각이 난다. 분위기란 그러한 지속적인 여운과 쉽게 가시지 않는 운
치마저 포함하는 매우 포괄적인 단어다.

분위기 있는 목소리를 내고 싶다면 당장 'ㅎ' 음가에 신경 쓰자.
우리나라 사람들을 대상으로 한 연구에서 교육과 학력, 소득 수준이
낮을수록 'ㅎ' 음가를 내지 않는다는 결과가 나온 적이 있다. 즉, 저
학력, 저 소득 계층에서는 '이화여자대학교'를 [이와여자대악꾜], '오
후 9시'를 [오우 아옵씨]로 발음하는 경향이 월등히 높다는 것이다.
또한 내 주위의 한 스피치 학원장은 처음 방문한 사람들과의 수강
등록 상담 자리에서 'ㅎ' 음가를 중요한 판단 기준으로 삼는다고 한

다. 'ㅎ' 음가를 살릴 줄 안다면 기존에 스피치 관련 트레이닝을 받아본 사람이 확실하고, 'ㅎ'에 대한 인식이 전혀 없으면 보이스 관련 지식과 경험이 전무한 사람이니 "이런 곳은 처음이시죠?"라고 묻는데 거의 백발백중이라고 ……

작은 차이가 명품을 만든다는 말이 있듯, 'ㅎ' 음가를 잘 챙기는 것 하나가 분위기 있고 세련된 목소리를 완성하는 데 일조한다. 'ㅎ' 앞에 받침이 없고 모음으로 끝났다면 조금 센 바람소리로 'ㅎ'음을 내줘야 하고, 앞 음절에 받침이 있을 때는 약화된 'ㅎ'음을 살짝만 섞어주면 된다.

▌명품 목소리를 만드는 히읗 발음 집중 연습

'ㅎ' 앞 음절이 모음일 때; 센 바람 소리로 'ㅎ' 음가를 낸다.

대회 [대외] × → [대회] ○

오후 [오우] × → [오후] ○

위험 [위엄] × → [위험] ○

지하철 [지아철] × → [지하철] ○

표현 [표연] × → [표현] ○

업계 매출 평균에 비해 [업꼐 매출 평규네 비애] × → [업꼐 매출 평규네 비해] ○

문제에 대해서는 [문제에 대애서는] × → [문제에 대해서는] ○

'ㅎ' 앞 음절에 받침이 있을 때; 앞 받침이 섞여 바람이 약화된 'ㅎ' 소리를 낸다.

경향 [경양 ~ 경향]

난항 [나낭 ~ 난항]

전화 [저놔 ~ 전화]

말씀하세요 [말쓰마세요 ~ 말씀하세요]

*두 발음의 중간 정도로 살짝 'ㅎ'음을 내주면 됨

둘째, 한국인 중에는 유독 'ㅅ'과 'ㅎ', 거센소리 자음(ㅊ, ㅋ, ㅌ, ㅍ)으로 시작하는 말을 높여서 발음하는 습관을 가진 이들이 많다. 예를 들어, '선물' '한국' 등을 발음해 보라고 하면 '언물' '안국'을 발음할 때와는 달리 목소리 톤이 확 뜨는 것이다. 또한 '가'부터 '하'까지 읊어보라고 하면 학생 중 열에 아홉 명은 '가나다라마바사아자'까지는 한 음으로 잘 외다가 신기하게도 거센소리 자음이 시작되는 '차'부터는 갑자기 톤을 올려서 '차카타파하'를 모두 높여 읽는 것을 보게 된다.

▌시옷, 히읗, 거센소리가 들어갈 때의 톤 변화 느껴보기 1

언물 – 선물

안국 – 한국

가나다라마바사아자 – 차카타파하

그래서 보통 사람들이 '한미연례안보협의회'라는 단어를 읽을 때면 '한'과 '협'만 지나치게 올리는 바람에 하나의 단체명이 마치 '한미연례안보 / 협의회'와 같이 두 부분으로 분리되어 들리고 미국의 대통령 '도널드 트럼프'나 세계적인 테니스 선수 '로저 페더러'를 언급할 때도 '트', '페'를 너무 심하게 띄우는 바람에 '도널드 / 트럼프' '로저 / 페더러'로 분절되어 마치 각각이 두 명의 이름처럼 들리게 된다. 아래 예문을 읽으며 'ㅅ' 'ㅎ' 거센소리가 없을 때와 있을 때의 톤 변화를 스스로 느껴보기 바란다.

▌시옷, 히읗, 거센소리가 들어갈 때의 톤 변화 느껴보기 2

> 안미연례안보엽의회 – 한미연례안보협의회
> 도널드 으럼프 – 도널드 트럼프
> 로저 에더러 – 로저 페더러
> 데이비드 애머런 – 데이비드 캐머런

특정 자음으로 시작되는 음절이 나올 때마다 톤을 올리면 짧은 어구, 문장 내에서 급격한 출렁임이 많아지므로 말이 아주 촌스러워진다. 'ㅅ'과 'ㅎ', 거센소리의 톤을 지금 올리는 것의 반 정도만 올리는 식으로 낮춰도 분명 성공이다. 이렇게 함으로써 목소리가 한층 분위기 있고 세련되어지는 동시에 말속의 다른 핵심 키워드가 잘 들리게 강조하는 효과까지 얻을 수 있기 때문이다. 예컨대 "인출 가능한 금액은 592만 2천 5백 7십 원입니다. 얼마나 필요하세요?"라는 문장에서는 '칠'이나 '팔'과 같은 음절을 높이지 않도록 주의한다. '592만 2천

5백 7십 원'에서 중요한 숫자는 '7'이라기보다는 더 앞자리에 있는 백만, 천 단위의 보다 큰자리 숫자들이고, '필요'한지 그 자체가 궁금하기보다 필요로 하는 그 금액이 과연 '얼마'인지가 핵심이다. 그런데 별로 중요하지 않은 숫자임에도 단순히 'ㅊ' 'ㅍ' 등 거센소리로 시작한다는 이유 하나만으로 강조해 처리하니 잘못이다.

해결방법은 문제가 되는 해당 자음들을 떼어내고 먼저 읽어본 뒤, 다시 자음을 붙여 읽으면서 앞의 경우와 톤 차이가 극심하게 나지 않도록 최대한 노력하는 것이다. 자음보다는 모음을 강조해 소리 내겠다는 상상을 하는 것도 문제점을 교정하는 강력한 솔루션이 된다.

▌출렁임 줄이기 집중 연습

예문이 적힌 대로 읽은 후 자음을 떼어 읽어보고 톤 변화를 느낀다.
모음이 없을 때의 톤을 가급적 유지한 채 다시 예문 그대로 읽어본다.

자동송금 – 자동옹금 – 자동송금
입통원 치료 – 입옹원치료 – 입통원치료
항공화물항공기 – 앙공와물앙공기 – 항공화물항공기
대외경제장관회의 – 대외경제장관외의 – 대외경제장관회의
지주막하출혈환자 – 지주막하울혈완자 – 지주막하출혈환자
우려를 표명했습니다. – 우려를 요명했습니다. – 우려를 표명했습니다.
좋은 하루 보내십시오. – 좋은 아루 보내십시오. – 좋은 하루 보내십시오.
유선으로 해약하실 때는 수익자의 동의가 필요합니다. – 유선으로 애약하실 때는 우익자의 동의가 일요합니다. – 유선으로 해약하실 때는 수익자의 동의가 필요합니다.

셋째, 목소리의 촌스러움을 지우는 또 다른 방법은 '일' 음절의 힘을 빼는 것이다. 예시로, '일본, 일등 ,일부, 내가 일할 때, 제 1차장, 31분, 1월 1일'과 같은 단어, 어구에서 유독 '일'을 발음할 때 입술에 힘을 지나치게 힘을 주며 높이 읽는 경우를 자주 본다. 이를 인천 말투, 혹은 경기도 사투리라 부르기도 하던데 뭐가 되었든 분위기나 세련됨과는 거리가 멀다. 고상하고도 깊이 있는 목소리를 내는 사람들은 위에서 떨어지는 느낌의 높은 '일'이 아니라 밑에서부터 올라오는 '일' 소리를 낸다. 가장 쉬운 방법은 숫자 '1-2-3'을 읽어보는 것이다. '2[이]'라는 음성이야말로 밑에서부터 올라오는 꽉 찬 소리이므로 숫자 '2'를 발음한다는 느낌으로 똑같이 [일] 소리를 내보고, 그걸 아래 예문에 적용하면 된다. 정말 신기한 것은 '일'을 이상하게 발음하는 사람일지라도 '이'는 절대 이상하지 않게, 제대로 발음한다는 사실이다. 그러니 '이'를 이용해 '일' 발음을 고치면 되는 것이다.

▌고상하고 깊이 있는 목소리 만들기

'2[이]'를 발음할 때 음성이 밑에서부터 올라오는 좋은 소리이므로 숫자 '2'를 발음한다는 느낌으로 똑같이 [일] 소리를 내보고, 아래 예문에 그대로 적용한다.

2 – 지난 1월 11일
2 – 세계대회 1등을 차지했던
2 – 일본인 관광객
2 – 일부가

　'일' 발음을 '이'와 비슷하게 하면 숫자 1과 2의 변별력이 사라지는 것 같아 일부러 높여서 말한다는 분들도 간혹 있는데 그 문제는 장단음 처리를 통해 해결하면 된다. 숫자 2는 1과는 다르게 길게 발음해야 할 장음에 해당하므로 [이~]라고 조금 더 길게 끌어 준다. 장음에 관해서는 뒤에서 더 자세히 다루도록 하겠다. 언어란 그 언어를 사용하는 사람들 사이의 사회적 약속이자 규칙이므로 편의성을 최우선 가치로 두며 개인이 마음대로 바꿀 수 있는 성질의 것이 아니다. 'B동'인지 'D동'인지 헷갈린다는 이유로 알파벳 'B'에 잔뜩 강세를 주어 [삐동]이라 발음하는 것 역시 바람직하지는 않다고 본다. 언어에 있어 편리함만 추구한다면 운송 수단으로서의 배, 과일 배, 신체의 배처럼 똑같이 발음되는 동음이의어들도 싹 없애버려야 할 것이다.

　굳이 'ㅅ' 'ㅎ' 거센소리, '일' 때문이 아니라도, 단어, 어구, 매우 짧은 문장 내에서 올렸다 내렸다 하는 식의 급격한 음 변화가 많아질수록 인위적이며 촌스러운 느낌이 난다. 아래 문장을 화살표의 어조대로 읽어보자

음정 변화를 통해 출렁임 넣어보기

안／녕하세요＼／ 김／상＼중／입니／다＼아／

    내가 여기서 전하고자 하는 조언은, 영국의 전설적인 톱모델이자 패션계의 아이콘, 케이트 모스가 세련된 스타일의 비결이 뭐냐는 질문에 "외출 전 거울을 보고 무엇을 더할까가 아니라 뭘 뺄까 고민한다."라고 답한 것과 비슷하다. 너무 많은 음의 변화는 당신의 목소리를 인위적이며 부자연스럽고도 과하게 만든다. 미용실에 가서 두 시간 동안 열심히 바르고 칠하고 단장했다는 느낌보다는 편안하고 시크한 세련됨을 보이자! 당신이 소개팅에 나갔다. 집에 있는 장신구란 장신구는 다하고 나온 듯 목걸이, 귀걸이, 시계, 팔찌, 반지에 발찌까지 끼고 있는 상대는 과연 멋져 보일까? 패션이든 얼굴이든 목소리에서든 궁극의 세련미는 자연스러움과 닿아 있는 것 같다. 바로 그 자연스러운 목소리를 시각화하면 부드럽고 둥근 곡선의 큰 포물선이 된다. 따라서 앞서 배운 '무지개 발성법'의 동작대로 한손 들고 입 앞에서 시작해 포물선 모양의 동그란 원을 그리듯 팔을 쭉 펴면서 아래 예문을 읽어본다. 긴 문장에서 슬래시 표시로 나뉜 부분마다 한 번씩, 여러 개의 포물선을 그리며 연습하면 된다.

안녕하세요. / 김상중입니다.

문 닫히는 전동차. / 미련 없이 보내야 / 다음 차가 빨리 옵니다.

요즘에는 60대가 경로당에 가면, / "엄마 찾으러 왔니?"라는 말을 / 듣는 답니다. / '백세시대'라는 말이 실감 납니다.

5. 소통이 잘 되는 목소리 연출하기

먼저 여러분께 질문 드린다.

질문: 이 세상 모든 인간관계 갈등의 근본 원인이자 유일한 해결책은?

정답은 무엇일까? 오프라인 강의에서 누군가 큰 소리로 "돈!"이라 답한 적도 있지만 내가 바랐던 답은 '소통'이다. '돈'도 어느 정도 맞는 답이기 하나 소통만 잘 된다면 돈 문제란 미연에 방지할 수 있거나 원만한 해결이 가능하다고 보기 때문이다.

결국에 '소통'이 문제다. 몇 해 전부터 나는 다양한 기업·기관의 콜센터 상담사들을 대상으로 보이스 트레이닝 강의를 진행해오고 있다. 요즘의 콜센터는 단순히 상담만 담당하는 곳에서 벗어나, 최일선에서 고객을 맞아 그들을 감동으로 사로잡고 새로운 가치를 창출해가는 곳이라는 뜻에서 '가치센터', '행복센터', '감동센터'라고까지 불린다. 콜센터 상담사 또한 고객이 기업을 만나는 첫 관문인 동시에 회사의 가치를 고객께 전달하는 최종적인 대표자라고 할 수 있다. 목소리 하나만으로 고객을 상대하며 그러한 중책을 수행해야 하는 콜센터 상담사들이 교육 현장에서 가장 관심을 갖는 주제 역시 '소통이 잘 되는' 목소리 연출법이다.

강의 준비를 위해 사전에 참석자들의 전화 상담 녹취본을 듣다보면 유독 화기애애한 분위기 속에서 모든 절차가 마냥 매끄럽고 원활하게 진행되며 상담사와 고객 간 궁합이 척척 맞고, 쿵짝쿵짝 호흡의 조화가 뛰어나서 그 대화를 듣는 내 얼굴에 절로 흐뭇한 미소가 떠오를 때가 있다. 이런 우수한 소통능력을 보여주는 상담사들에게는 한 가지 공통점이 있는데 바로 '톤 이어가기'의 달인이라는 점이다. 그래서 나는 '끝톤 잇기'라는 용어까지 만들어가며 보이스 트레이닝 수업마다 이 부분을 집중적으로 다룬다.

훌륭한 상담사들은 고객의 말을 잘 경청해서 고객이 말을 끝낸 그 톤을 그대로 받아 자신의 말을 시작하는 데에 능숙하다. '끝말 잇기'가 아니라 '끝톤 잇기'가 바로 소통이 잘 되는 목소리 연출의 마법과도 같은 비결이다. '끝톤 잇기'는 고객으로 하여금 수화기 너머의 상담사가 내 말을 차분히 귀담아 듣고, 내 용건에 적극 공감해 주는, 한 마디로 나와 말이 잘 통하는 상대라는 느낌을 받게 한다. 그래서인지 상담 말미에는 꼭 "참, 아까 성함이 뭐라 하셨더라?"라고 되물어 상담원의 이름을 적어놓고, 다음부터는 무조건 그 상담사와의 연결을 고집하는 고객들도 있다. 그만큼 만족했다는 뜻일 테다.

　유연하고 개방적이며 친숙한 보이스 이미지를 형성해 상대에게 공감과 소통을 부르는 '끝톤 잇기'를 연습해 보자. 아래 예문에서 고객이 "다른 게 아니라요."하며 종결어미 '요'의 톤을 높였다면 나도 그와 비슷한 높은 톤으로 "네"라는 말을 시작해서 톤을 점점 떨어뜨려 '님'에서는 낮은 음을 낸다. 고객이 "딸 거."라고 하며 낮은 톤으로 문장을 마치는 경우에는 똑같이 밑에서 말을 시작하는 것이다. "~입원을 했어요."라며 중간 톤을 구사하면 그 중간 음을 그대로 이어 받아서 "아, 그러세요."라 하고, '맞죠?'라는 의문의 높은 어미를 그대로 이어받아 동일한 톤으로 '네'라고 한 뒤 음을 점점 낮춰가며 문장을 마치면 된다. 예문에 적힌 기호를 잘 보고 직접 손가락을 들고 그대로 화살표 방향을 그려가며 연습한다면 누구든 혼자서도 쉽게 끝톤 잇기 기술을 마스터할 수 있다.

▌소통을 부르는 마법의 끝톤 잇기

고　객: 다른 게 아니라요. ╱

상담원: (톤을 위에서 아래로) 네, 고객님 ╲

고　객: 제 것은 아니고 딸 거. ╲

상담원: (톤을 밑에서 위로) 네에 ╱

고　객: 제가 딸 이름으로 우체국 연금을 들어놨는데 며칠 전에 교통사고가 나서 지금 입원을 했어요. →

상담원: (중간 톤을 유지) 아, 그러세요.

고　객: 그거 관련해서 알아볼게 있는데 여기다가 말하면 되는 거 맞죠? ╱

상담원: (톤을 위에서 떨어지게) 네, 맞습니
　　　　다. ↘ 먼저~

고　객: 제 주소로만 청구서 받을 수 있
　　　　는 건지가 궁금한데요. ↘

접수원: (톤을 밑에서 위로) 그럼 혹시 이
　　　　메일 주소 등록해드릴까요? ↗

고　객: (톤을 위에서 아래로) 이메일 좋아
　　　　요. ↘

접수원: (톤을 밑에서 위로) 예, 이메일로 전송되도록 처리해드렸습니다. ↗

고　객: 5일에 납입이 안 되면 6일 날 빠져나가나요? ↗

행　원: (톤을 위에서 아래로) 6일은 휴일이라서 7일에 다시 한 번 청구가 됩니다. ↘

고　객: 근데 7일에도 잔고가 없을 수 있어서요. ↘

행　원: (톤을 밑에서 위로) 안타깝지만 그럴 경우에는요, ~

　　끝톤 잇기 구사가 당장은 너무 어렵게 느껴진다면 단순히 '첫 음 띄우기' 하나만 구사해도 목소리와 이미지에는 확실한 변화가 생긴다. 다른 민족과 비교할 때 한국어 모국어 사용자들은 어둡고 가라앉은 흉성을 쓰는 경향이 도드라진다고 한다. 예컨대, 대다수 우리나라 사람들은 평소 첫 음을 낮게 잡아 '네, 가능합니다.' '예, 반갑습니다.' '그러세요.' 등을 다소 무미건조하게 말하는 경향이 있는데, 높은 음에서 시작해 위에서 아래로 떨어지는 식으로 패턴을 다르게 잡아보라는 것이다. 첫 단추는 소리를 들어 올리려는 마음을 갖는 것이다. 젊은 목소리란 곧 산뜻하게 들려 위에서 시작하는 목소리이기도 하다. 나이가 들고 에너지가 떨어질수록 말의 첫 음이 낮아지는 경향이 있다. 어르신들의 목소리는 대개 저음이지만 엄마를 부르는 꼬맹이들의 목소리는 상당히 높게 시작한다. 일단 마음을 밝게 고조시키면 목소리도 그대로 생각을 따라 떠오를 것이다. 이는 당신의 소통, 공감능력을 더해 주고 대화의 상대방에게 강력한 찬성, 동의, 공감, 화답의 긍정적인 신호를 보내는 탁월한 맞장구 기술이라 할 수 있다.

계이름을 활용해 연습하면 누구나 혼자서도 쉽게 첫 음을 잡을 수 있다. 먼저 자신이 늘 하던 대로 자연스러운 '네' 소리를 내보고, 그 톤을 '도'음으로 잡은 뒤 점점 음을 높여가는 것이다. 계이름 '솔'까지 톤을 올리고 동일한 음으로 '네'라고 해본다.

▌높은 첫음 잡기

(자연스러운 톤으로) 네 – (같은 톤으로) 도 – (톤을 점점 높이며) 도레미파솔 – 솔 – (같은 톤으로) 네 – (솔톤에서 아래로 음을 떨어뜨리며) 네에↘

첫 음에 대한 감을 어느 정도 잡았다면 이제 점점 더 긴 문장을 연습하며 대화에까지 적용해 본다. 첫 음을 내기 직전 턱을 위로 치켜 올렸다가 고개를 점점 떨어뜨리면서 연습한다면 음 변화가 더 확실해지므로 훈련 효과가 극대화될 것이다.

▌첫 음 띄우기

(위에서 아래로) 네에

(위에서 아래로) 네, 가능합니다.

(위에서 아래로) 예, 반갑습니다.

행원: 정상적으로 처리가 잘돼서 남아 있는 대출 잔액은 없습니다.

나 : (위에서 아래로) 네, 애쓰셨어요.

고객: 수고하십니다.

나 : (위에서 아래로) 네, 고맙습니다. 무엇을 도와드릴까요?

고객: 빨간색 피망 그거 뭐라고 하죠?

나 : (위에서 아래로) 파프리카 말씀하시죠?

강사: 다른 더 궁금한 사항은 없나요?

나 : (위에서 아래로) 네, 그거만 알려주시면 됩니다.

환자: 그 뭐라고 하죠? 검사받은 거 결과지 그거 좀 받으려고 하는데요.

나 : (위에서 아래로) 의무기록사본 말씀이시죠?

가족: 이거 말하는 거야?

나 : (위에서 아래로) 아! 맞아, 그거야.

6. 지적이고 또렷한 목소리로 다듬기

　사람은 누구나 지적인 이미지에 대한 선호와 동경이 있다. 그래서 '지성미'는 남녀 모두에게 있어 이성의 마음을 흔드는 매력 포인트가 되기도 한다. 특히 내면의 정신세계를 몸 밖으로 표현해 내는 목소리란 그런 지성미를 가늠케 하는 가장 좋은 수단이다. 주로 외모로 마음을 빼앗고 자극하는 청순미, 남성미, 섹시미 등은 세월 가고 나이를 먹을수록 잃게 되는 반면에 지성미는 늙어서도 간직할 수 있고 오히려 배가되기도 하므로 지적인 목소리를 다듬는 것은 매우 안정적인 투자임이 분명하다.

　목소리에 지성미를 넣기 위해 하지 말아야 할 것과 해야 할 것을 나눠서 설명하겠다. 먼저, 하지 말 것. 니은 받침 대충하기. 지금까지 내가 들어본 이지적인 목소리들의 공통점은 첫째, 'ㄴ' 받침이 아주 정확하다는 것이었다. 니은 받침을 발음할 때 혀의 끝부분이 앞니 바로 위 딱딱한 잇몸에 닿아야만 제대로 처리한 것이다. 혀를 붙이지 않으면 'ㄴ'이 'ㅇ'으로 소리 나게 된다. 맹구라는 캐릭터를 떠올려보자. "성생니임~! 저 여기 있거등요!" 니은이 이응으로 바뀌는 순간 지성미는 백치미로 둔갑한다. 잘 챙기지 않으면 아주 무식해 보이는 니은 받침 집중 교정에는 '꽃게발 훈련법'이 제격이다. 집게다리를 펼친 꽃게의 모습을 상상하며 양 손을 들고 엄지손가락과 집게손가락을 벌린다. 예시 단어에 니은 받침이 나올 때마다 꽃게가 두 집게발을 붙이는 시늉을 한다. 그럼 손가락의 모션처럼 혀의 끝

부분이 앞니 뒤 경구개에 제대로 닿았다 떨어지면서 당신은 완벽한 니은 발음을 경험하게 될 것이다.

▌니은이 정확해지는 꽃게발 훈련법

각 예문을 처음 읽을 때는 적힌 대로 니은을 이응으로 대충 발음한다.
두 번째 읽을 때는 니은 받침 부분에서 양손의 엄지손가락과 집게손가락을 벌렸다가 붙이며 이전 발음과의 차이점을 느껴본다.

방갑습니다. – **반**갑습니다.

경강하십시오. – **건**강하십시오.

바로 영결해드리겠습니다. – 바로 **연**결해드리겠습니다.

김응경 학생 어머님 되시는 겅가요? – 김**은**경 학생 어머님 되시는 **건**가요?

주소가 금산로 127벙길이란 말씀이신겅가요? – 주소가 금산로 127**번**길이란 말씀이신**건**가요?

정기정자 파트 영구진들의 광광지 병경의 긍거가 뭥가요? – **전기전**자 파트 **연구**진들의 **관광지 변**경의 **근거가 뭔**가요?

망기일이 며칠 뒤 확인되는 광계로 망기날짜는 오능 6일에 다시 알려드리겠습니다. – **만기**일이 며칠 뒤 확인되는 **관계로 만기**날짜는 오**는** 6일에 다시 알려드리겠습니다.

장고나 윌금. 해당기강 동안 당계별로 병경하신 영금 납부액이나 경강보험 액수는 개인정보라서 엉급을 못하고요.— **잔**고나 **원**금. 해당기**간** 동안 **단**계별로 **변**경하신 **연**금 납부액이나 **건**강보험 액수는 개인정보라서 **언**급을 못하고요.

　수업에서 위 예문들로 연습을 할 때면 각 문장의 시작 부분마다 꽃게발 모션을 취하는 분들이 있는데 당연히 니은 받침이 나오는 부분에서 동작을 넣어야 한다. 꽃게 흉내내기가 우리의 목적이 아니라 제스처를 통해 니은을 제대로 발음하고자 함이기 때문이다.

　니은과 더불어 미음 받침을 대충 발음하는 것 또한 교육을 많이 받고 신중하며 슬기롭고 똑똑한 사람, 두뇌회전이 좋은 인재라는 인상을 주는 데에 장애물이 된다. 미음을 발음할 때는 다른 받침보다 조금 더 천천히 발음한다는 생각으로 입술을 닫았다가 다시 연다. 예컨대 '점검'이라고 말한다면 윗입술과 아랫입술이 두 번 만났다가 떨어져야 하는데 대다수 사람들은 입술끼리 전혀 만나지 않은 채로 대충 발음하니 '정경'에 가깝게 소리 나는 것이다. 명심하자. '대충'이란 흐리고 부정확한 발음을 가진 사람들의 조음기관에만 사는 아주 나쁜 해충이다. 입 모양이 정확해야 발음도 따라 정확해진다. '악어입' 연습법을 사용해 또렷하고 야무진 미음 받침을 완성해 보자.

　먼저 턱을 최대한 벌렸다가 순식간에 닫으며 먹이를 꿀꺽 삼키는 악어의 큰 입을 떠올려 본다. 그리고 나서 한손을 들고 엄지를 제외한 네 손가락을 붙인다. 예문을 읽으며 미음 받침이 나올 때마다 먹잇감을 덥썩 무는 악어의 입처럼 네 손가락과 엄지를 확실히 붙였다가 뗀다.

▌미음이 확실해지는 악어입 연습법

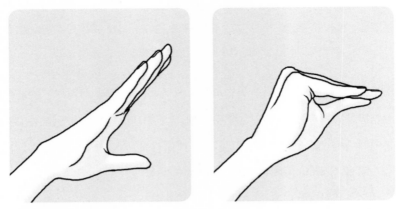

각 예문을 처음 읽을 때는 적힌 그대로 미음을 이응으로 대충 발음한다. 두 번째 읽을 때는 엄지와 나머지 네 손가락을 붙여 악어입 모양을 만들고 미음 받침 부분에서 손을 붙였다가 벌리며 발음 변별력을 기른다.

정겅 – **점검**

친입자 – **침입자**

무싱코 – 무**심**코

상당당당 선생닝 – 상**담담**당 선생**님**

잉금님표 창기름 – **임금님표 참**기름

강기걸렸을 때 간호해 주던 자기 모습에 강격했지 뭐야 – **감**기걸렸을 때 간호해 주던 자기 모습에 **감**격했지 뭐야

　　다시 처음으로 돌아와 이번에는 이지적인 목소리를 갖고자 '해야 할 것'에 관해 다루기로 한다. 뭐니 뭐니 해도 가장 중요한 것은 이 중모음을 정확히 발음하는 것이다. 제주도를 방문한 역대 대통령이 "제주 시민 여러분! 제주를 세계적인 강간 도시(관광 도시)로 만들겠습니다."라고 하자 옆에 있던 외무장관이 '강간 도시'가 아니라 '관광

도시'라고 지적했고, 발끈한 대통령이 다시 "애무 장관(외무 장관)은 애무(외무)나 잘 해요."라고 했다는 일화가 있는가 하면 한 고위 공직자의 취임식에서 "경제가 위깁니다."라는 말이 "갱제가 이깁니다!"로 탈바꿈해 힘찬 박수가 터졌다는 이야기도 있다. 모두가 이중모음을 제대로 발음하지 못해 생긴 해프닝이다. 이중모음을 한 번에 내려 하지 말고 그 이름 그대로 두 번의 입모양을 거쳐 소리를 내면 이러한 사고를 막을 수 있다. 즉, '오'와 '우' 발음을 또렷하게 발음하는 것이 핵심이다. 예를 들어, '관'은 '고＋안'으로, '외'는 '오＋이'로 두 번에 걸쳐 발음하라는 것이다. 케이크와 라면을 상상하면 제일 쉽다. '오'는 케이크를 먹는 상상을 하며 케이크 위 촛불을 불어 끄듯 입을 앞으로 모아 내고, '우'는 뜨거운 라면 발을 불어 먹듯 둥글게 내밀면 된다. '오', '우'를 잘 살려 이중모음을 확실히 하려는 노력 하나만으로도 당신은 깔끔하고 명석한 이미지 만들기라는 목표에 아주 바짝 다가선 셈이다.

▌케이크 먹기 '오' 발음법
케이크 위 촛불을 불어 끄듯 입을 모으고 호오～ – 오～ (5초 유지)

▌라면 먹기 '우' 발음법
뜨거운 라면 발을 불어 먹듯 입을 둥글게 내밀고 후우～ – 우～ (5초 유지)

　케이크와 라면 먹는 법을 적용해 아래 예시 단어를 정확히 읽어 보자.

최고 – 호오~ – 최고

회의 – 호오~ – 회의

주관식 – 호오~ – 주관식

성균관 – 호오~ – 성균관

취업 – 후우~ – 취업

취소 – 후우~ – 취소

공정거래**위원회**

환급받으실 계**좌**

환불**과 관**련한 **위**반 행위

쾌적하고 안전한 여행을 **위**하여

우리 열차는 전철**화**공사구간을 서행하는 **관**계로 정시보다 5분 늦게 도착했습니다. 열차가 연착**되**어 대단히 **죄**송합니다.

7. 인간미가 느껴지는 따뜻한 음성 갖기

목소리에도 온도가 있다. 밤새 뜬 눈으로 뒤척이다 간신히 잠이 든 새벽녘에 잘못 걸려온 전화를 받았을 때 당신의 목소리는 몇 도일까? 사랑하는 사람들 간의 귓속말 속삭임은? 초인종을 누르고 집주인이 나왔다. 15초 안에 물건을 팔아야만 하는 외판원의 절박한 음성은 과연 몇 도 정도나 될까?

좋은 목소리 만들기의 비결 중 하나는 바로 목소리의 온도를 잘 조절하는 것이다. 평상시 가장 이상적인 목소리의 온도는 36.5도, 바로 인체의 체온일 것이다. 차갑게 식은 커피, 딱딱한 냉동 피자 같은 목소리를 아래와 같은 훈련법을 이용해 36.5도까지 올려보자.

첫째, ㅎ 음을 첨가할 때마다 당신의 목소리 온도는 1도씩 올라간다. 기계적, 사무적, 반복적이고 형식적인 응대가 아니라 속에서 우러나온 나의 진심을 오롯이 전하고 싶다면 'ㅎ' 음가를 넣어보자. 즉, '잠시만'을 [자함시만], '최선'을 [최해선]에 가깝게 발음하는 것이다. 'ㅎ' 음가 사용으로 인해 감정이 매우 잘 스며들어, 따뜻한 카페라떼, 갓 구운 빵 같이 촉촉하고 포근한 음성이 만들어진다. 목소리의 중요성이 강조되는 것은 의료업계도 예외가 아니다. 몇 해 전부터 나는 치과, 성형외과, 한의원 종사자들을 상대로 '성공적인 상담을 위한 목소리'라는 주제로 강의를 진행하고 있는데 "최대한 몸에 맞게 지어드렸는데, 혹시 불편한 점 있으셨나요?"가 아니라 "최해대한 몸에 맞게 지어드렸는데, 호혹시 불편한 점 있으셨나요?"와 같이 감정을 담아 친절하게 말하는 법을 중점적으로 익히는 수업이다.

▌히읗 음 첨가법

잠시만 [자함시만] 기다려 주시겠습니까?

혹시라도 [호혹씨라도] 문제가 생기면 제게 연락주세요.

최선을 다해 [최해선을 다해] 노력하겠습니다.

최대한 [최해대한] 몸에 맞게 지어드렸는데, 혹시 [호혹씨] 불편한 점 있으셨습니까?

감사합니다. [가함사함니다]
고맙습니다. [고호맙씀니다]
음식 참 맛있더라! [음식 참 마하씯더라]

둘째, 오직 목소리로만 수화기 넘어 고객께 친절과 만족을 드려야 하는 콜센터 상담사들을 교육할 때 자주 활용하는 방법 중 '먹는 호흡'이라는 것도 있다. 입을 벌린 상태에서 공기를 먹는다는 느낌으로 재빨리 숨을 들이마셔 보라. 그럼 '흐'에 가까운 들숨소리가 난다. 이 먹는 호흡 소리를 잘 활용하면 목소리에 내재된 호응, 공감, 칭찬, 감정이입 능력이 배가 된다. 그래서 상담사들은 주소, 주민번호, 아이디, 비밀번호 등 자칫 길고 귀찮게 느껴질 수도 있는 본인확인 질문들에 모두 성실하고 정확히 대답해 준 고객에게 "(흐) 감사합니다." 또는 "(흐) 정확하시네요."라고 히읗 호흡 소리를 섞어 응대하는 법을 훈련한다. 처음 설명만 들을 때는 "친절하려면 신음 소리까지 내야하나요?"라며 어리둥절해하던 매니저들이 실제로 먹는 호흡 소리를 섞어 말하는 목소리를 듣고 난 뒤에는 이를 매뉴얼화해야겠다며 "흐, 감사합니다.""흐, 맞습니다!"라고 표기해 놓은 새로운 스크립트를 만들어 구비해놓은 적이 있을 정도다.

▌먹는 호흡 활용하기

> 네. 흐 맞습니다.
>
> 흐 정확하시네요.
>
> 흐 감사합니다.
>
> 알겠습니다. 흐
>
> 흐 궁금하신 내용 말씀해 주세요.
>
> 흐 좋은 생각이네요.
>
> 흐 아주 멋진 계획입니다.

셋째, '쿠션음'이 더해지면 한결 푹신푹신하고 포근한 목소리 연출
이 가능하다. 거의 모든 비즈니스, 서비스 교육 분야에서 '쿠션어'
활용을 습관화하라고 강조하는데, 쿠션어란 상대에게 뭔가를 지시,
부탁하거나 부정적인 판단을 내려야 할 경우 용건 앞에 덧붙이는
'괜찮으시다면, 실례지만, 바쁘시겠지만, 번거로우시겠지만'과 같은
어구를 말한다. 같은 메시지라도 "이 서류부터 처리해줄래요?" "물
한잔 주시겠어요?"와 "바쁘겠지만, 이 서류부터 처리해줄래요?",
"죄송합니다만, 물 한잔 주시겠어요?"라고 말할 때 듣는 사람이 받
는 느낌은 완전히 다르다. 쿠션어는 한 마디로 비즈니스 매너, 서비
스 화법계의 조상같은 존재로서 대화를 매끄럽게 연결시키고 관계
를 부드럽게 이어주는 윤활유 역할을 한다.

쿠션어처럼 그 자체가 어떤 뜻을 갖는 언어는 아니지만, '아' '어'
'휴' '음'과 같은 감탄사, 또는 웃음 소리를 지칭하고자 내가 만들어
낸 용어, '쿠션음'도 비슷한 역할을 한다. 즉, 고객이 틀린 정보를 말

했을 때 등록된 번호와 다르다고 단칼에 자르듯 답하기보다는 '음'이라는 음절을 붙여 부드럽게 응대하고, 단순히 '예'라고 하는 대신, '어우, 예'라고 답하는 식이다. 그럴 때 감정이 훨씬 잘 묻어나고 웃음이 배어 있는, 친절하며 성의 있는 음성 연출이 가능하다. 미처 생각지 못했던 질문을 받거나 의외의 이야기를 듣는 상황에서는 말문이 막혀 긴 침묵이 발생할 수 있는데 3초를 초과하는 묵음은 상대를 매우 불편하고 당황스럽게 만든다. 쿠션음은 이런 경우에 절벽과도 같이 느껴지는 침묵을 방지하는 효과도 있다. 다만, 동일한 쿠션음을 너무 자주 남발하면 말 앞에 버릇처럼 덧붙이는 나쁜 습관어로 보일 위험이 있으니 남용하지는 말자.

▌쿠션음 넣기

고 객: 등록된 계좌번호가 이거 맞나요?
나   : 음 ～ 다른 번호네요.

친 구: 아이가 넘어져서 병원 다녀왔어.
나   : 휴, 걱정 많겠다.

이 웃: 이거 잠시만 여기 둬도 되나요?
나   : 어우, 예!

고 객: 카드 납입 되나요?
나   : 어 ～ 안타깝게도 저희는 카드 납입 제도는 없어서 그건 불가능합니다.

이 웃: 어제 이사 왔어요.

나   : 아하! 그러세요?

고 객: 그렇게 해 주세요.

나   : 헤헷. 동의해주셔서 감사합니다.

고 객: 이따 다시 올게요.

나   : 하하. 그러세요. 헤 기다리겠습니다. 흐흐

고 객: 수고하십니다.

나   : 이힛. 감사합니다.

고 객: 남아 있는 건 그럼 얼마나 남아 있는데요?

상담사: 음 ～ 얼마를 쓰실건데요. 고객님?

고 객: KB은행으로 보내주세요.

행 원: 음 ～ KB은행요? 아! 국민은행 말씀이네요!

8. 들을수록 빠져드는 목소리 만들기

한때는 아나운서로 카메라 앞에 서는 것만 기쁨인 줄 알았는데 강사로 일하는 요즘에는 강의의 시작부터 끝까지 전 과정을 책임지며 PD, 작가, 리포터에 코디네이터의 역할까지 함께하는 데서 더 큰 만족과 보람을 느끼고 있다. 이렇게 아나운서에서 전문 강사로 직업을

바꿨음에도 바뀌지 않는 한 가지는 두 직종 모두에 단연코 '흡인력 있는 목소리'가 가장 강력한 무기가 되어준다는 점이다.

들을수록 점점 빠져드는 목소리, 몰입하게 만드는 음성에는 어떤 특징이 있을까? 정답은 '다양성'이다. 목소리의 어조, 포즈, 성량이 일정해서는 결코 듣는 이를 집중시킬 수 없다. 드라마든 소설, 영화 무엇이든 변화 없이 반복되면 지루해지고, 유머와 감동 그리고 눈물, 위기와 반전, 시련과 극복, 상처와 구원이 함께하며 기승전결이 뚜렷해야만 많은 사람들이 흥미를 갖듯 목소리도 마찬가지다.

먼저 어조처리의 다양화는 필수다. 보통 사람들은 가장 편한 한두 가지 어조만을 집중적으로 사용하는 경향이 있는데 동일한 패턴의 반복은 부자연스럽고 따분하게 들리고, 사무적, 기계적이며 비전문적이라는 인상을 심어준다. 이런 문제를 가진 사람이라면 턱을 활용하는 테크닉들로 네 가지 다양한 어조를 쉽게 익힐 수 있다. 아래 예문 '말씀드리겠습니다.'를 상승조로 읽으려면 종결어미 '다' 부분에서 턱을 위로 확 올리면 되고 그 상태에서 턱을 확 내리면 하강조가 저절로 만들어진다. 턱을 가볍고 탄력 있게 내렸다가 바로 올리며 브이(V)자를 그리는 것은 물결꾸밈조다. 휴대폰의 '밀어서 잠금해제' 기능처럼 턱을 좌에서 우로 밀면 아주 자연스러운 평조를 구사할 수 있다. 동일한 방법으로 '가능합니다.'와 '부탁드릴게요.'도 연습해 보자.

▌턱을 활용한 네 가지 어조 연습법

(턱을 확 올리며) 말씀드리겠습니다. ╱(상승)

(턱을 확 내리며) 말씀드리겠습니다. ╲(하강)

('v'자처럼 턱을 내렸다가 바로 올리며) 말씀드리겠습니다. ∿(물결꾸밈)

(턱을 좌에서 우로 평행하게 밀며) 말씀드리겠습니다. →(평)

(턱을 확 올리며) 가능합니다. ╱(상승)

(턱을 확 내리며) 가능합니다. ╲(하강)

(턱을 내렸다가 바로 올리며) 가능합니다. ∿(물결꾸밈)

(턱을 좌에서 우로 밀며) 가능합니다. →(평)

(턱을 확 올리며) 부탁드릴게요. ╱(상승)

(턱을 확 내리며) 부탁드릴게요. ╲(하강)

(턱을 내렸다가 바로 올리며) 부탁드릴게요. ∿(물결꾸밈)

(턱을 좌에서 우로 밀며) 부탁드릴게요. →(평)

처음에는 턱을 다소 과장되게 위, 아래, 좌우 방향으로 움직이며 열정적으로 연습하는 것이 좋겠다. 모래주머니를 차고 진흙탕에서 연습하다 실전 트랙에 서면 한층 가뿐하게 달릴 수 있기 때문이다. 또한 고개짓을 동원하게 되면 형체도 없고 허공으로 사라지기 마련인 소리를 '시각화'할 수 있어 매우 효과적이다.

그렇게 네 가지 어조에 대한 감을 잡았고, 어느 정도 구사도 익숙해졌다면 화살표의 지시대로 아래 긴 문장들을 읽어보자. 한두 가지의 어조만 집중적으로 사용하던 기존의 말하기 패턴에서 탈피할 수 있도록 화살표 방향을 잘 따라 각 어조의 구사를 제대로, 정확히 해야만 한다.

다만, 각 화살표들은 임의로 표시해 놓은 것일 뿐, 어떨 때, 어느 위치에서 각각 상승, 하강, 물결꾸밈 또는 평조를 써야 한다는 것이 어떤 법칙 같은 것에 의해 정해진 것은 결코 아니다. 핵심은 어느 한 가지 어투만을 계속 반복하는 것이 아니라 네 가지 방법으로 어미처리를 다양화하는 데 있다.

▋네 가지 어조 말에 적용하기

음악은〜 한 사람에게 있어 가장 좋은 친구입니다↗. 아이가 어른이 되기까지↘ 인생에서 많은 것들이 변해도↗ 함께 할 음악이 있다면↗ 외롭지 않으며↘, 덜 슬퍼하고 더 행복할 수 있지요↗. 인생길에서→ 늘→ 초록색 신호등만 만날 수는 없습니다↘. 하지만 음악이 주는 순수한 기쁨과→ 치유의 능력↘, 그 완전하고도 강력한 힘이↗ 한 사람의 인생에→ 새로운 색채를 더하고〜 빈 곳들을 채워 주리라↗ 믿습니다↘.

그럼 혹시→ 열이나〜 땀이나↘ 갈증은↗ 어떠신가요?↗ 저희가↗ 나이↘, 체형과 체질↘, 식습관은 기본이고↗ 직업이나→ 생활환경↗, 그리고 수면〜, 다른 질환이나→ 허약하신 부분까지도↗ 모두 세심하게 여쭤보고↗ 꼼꼼히↘ 정밀 파악해서↗ 개별 약을→ 처방하게 됩니다↗.

바리스타를 하겠다고→ 상담하는→ 대부분의 학생들이↗ 바리스타 학원에→ 가려고 합니다↗. 그래서→ 학교 공부 시간은↗ 무의미하다고 말하죠↗. 그러나 모든 지식에는↗ 기초가↘ 필요해요↘. 여러분이 바리스타 학원에 가서 듣는 용어→ 거의 대부분이→ 영어고〜 때로

100

는／ 프랑스어＼, 스페인어〜 이탈리아어도／ 나와요＼.

심한 운동은／ 오히려 입맛을 당기게 해→ 공복감을 강화시키거나〜 다이어트 자체를／ 너무 힘들게 할 수 있습니다＼. 그래서→ 과격한 운동을 하실 필요는／ 없고요→, 일상적인 가벼운 운동은／ 다이어트에 도움이 됩니다＼. 무리한 것을 갑자기 하는 게 아니고／, 낮은 강도의 운동＼, 가령→, 걷기나→ 스트레칭〜, 요가가＼ 체지방 분해에는→ 효과적입니다／.

생산／, 공정＼, 포장과→ 판매는 물론이고／, 모든 노력을 다했는 데도 안 되면／ 누구를 찾아가 이 문제를 해결할 것인지 같은 인맥＼, 감각＼, 창의력도 필요합니다＼. 이렇게 보면／ 과학→ 경제와→ 건축〜 경영＼, 인문지식／, 디자인／, 경영자＼, 사업가와 혁신가 등／ 창업인에게 필요한 자질은 너무 많네요.

다음으로 성량조절 스킬을 배우자. 홈쇼핑을 보다보면 처음에는 아무 필요도, 관심조차 없던 상품인데 쇼 호스트의 말에 계속 빠져들다 보니 결국 주문에까지 이르는 경우가 종종 있지 않은가? 쇼 호스트들은 크고 높은 목소리로 제품의 장점과 구매 혜택에 관해 소개하다가도 정말 중요한 순간이 되면 작은 목소리로 속삭일 줄 아는, 한마디로 성량 조절의 달인들이다. 예컨대, 우렁찬 목소리로 "고객님, 찬스!"라 외치다가도 순식간에 볼륨을 확 바닥까지 낮추며 "잡으셔야 돼요 ……"라고 하는 식인데, 그럼 그 드라마틱한 효과에 설득되어버린 전국의 무수한 시청자들이 전화기를 집어 들고 신용카드 번호를 누르고 만다.

시작부터 끝까지 큰소리로 말하면 상대가 집중해 줄 것 같지만 절대 그렇지 않다. 왜냐하면 큰 목소리는 그냥 있어도 잘 들리기 때문에 어느 순간부터는 애써 귀 기울일 필요가 없기 때문이다. "제가 지금부터 비밀 이야기 하나 해드릴게요!"라는 말을 소리 높여 크게 외친다면 별 볼 일 없는 이야기처럼 느껴질 것이다. 그러니 너무 성량에 집착하지 말자. 큰 목소리에 목숨 건 사람처럼 말하는 분들께 이런 말을 전하고 싶다. '작으면 더 집중한다!'고. 때로 강조할 부분은 일부러 작게 말해야 듣는 이가 주목해 주고, 목소리의 강약조절이 잘 되어야만 강한 몰입 효과를 이끌어낼 수 있음을 기억하라. 즉, 낮고 작은 목소리로 "여러분, 제가 지금부터 주식투자로 1억 원 만드는 비법을 알려드릴게요!"라고 속삭인 뒤 확 볼륨을 키워서 "2억 원으로 시작하시면 됩니다!"라고 외쳐보라는 것이다. 나는 이 기술을 주로 내 남편에게 써 먹는데, 부부싸움을 할 때에도 처음부터 끝까지 큰소리로 말하면 어느 순간부터는 안 듣는다. 큰 목소리로 몇 마디 말하다가 갑자기 성량을 팍 줄여서 "그만 하자!"라고 작게 말하면 남편은 그제서야 정신을 확 차리고 내가 하는 말에 귀를 쫑긋 세워준다.

성량 조절 요령에 관해 알아보자. 큰 목소리를 내려면 먼저 입모양이 커야 한다. 음성이란 결국 성대에서 만들어진 음파가 입안 공간을 통과하면서 울려 나오는 소리인데, 거대하고 웅장한 동굴과 비좁은 동굴 중 어디서 더 큰 울림이 만들어질지 생각해 보라. 또한 톤은 평소보다 살짝 올리고 책의 초반에서 배운 복식호흡을 함에 있어 배의 부풀림과 수축 정도를 더 크게 하면 큰소리가 난다. 작은 목소리 내는 법은 당연히 그 반대가 될 것이다.

▌볼륨 키우는 요령

① 입모양을 더 크게 벌린다.

② 톤을 살짝 올린다.

③ 복식호흡에 있어 배의 수축 정도를 크게 한다.

이 세 가지를 실천하는 과정에서 성량은 자동적으로 커지게 되어 있다. 큰 목소리란 이렇듯 올바른 연습으로 얻어지는 결과물이어야 한다. 무작정 큰소리 내기부터 목표로 삼고 악쓰는 사람들에게 성대 주의보를 내린다.

단번에 너무 크거나 작은 목소리를 내기란 힘이 드니, 목소리 성량 조절은 아래와 같이 단계별로 연습하면 가장 좋다. 아래 각 문장 옆 숫자는 성량을 나타낸다.

▌성량 조절 단계별 훈련법

말에 대해 잘 모르는 사람은 말이 대단하다고 생각하고, (30)

말에 대해 조금 아는 사람은 말이 아무것도 아니라고 생각하고, (60)

말에 대해 많이 아는 사람은 말이 얼마나 중요한 것인지를 안다. (90)

과자 만드는 사람은 파티쉐. (90)

빵 만드는 사람은 블랑제. (60)

초콜릿 만드는 사람을 쇼콜라티에라고 합니다. (30)

갈까 말까 할 때는 가라. (20)

살까 말까 할 때는 사지 마라. (40)

말할까 말까 할 때는 말하지 마라. (60)

줄까 말까 할 때는 줘라. (80)

먹을까 말까 할 때는 먹지 마라!! (100)

단계별 훈련법을 숙지한 후에는 다양한 말에 적용해 본다. 큰소리로 강조할 부분과 작은 소리로 전달할 부분을 정해 강약을 살림으로써 쫄깃하고 맛깔 나는 목소리를 완성해 보자.

▌내 의지대로 성량 조절하기

(작게) 네, 정답은 (크게) 디렉터입니다.

(크게) 여러분 기회, (작게) 잡으셔야 돼요.

(크게) 그런데요, 혹시 (작게) '아기염소'라는 동요 알고 계세요?

(크게) 혹시라도 (작게) '나는 이해가 잘 안 된다'하는 분 (크게) 손들어

　　　주세요!

(크게) 지금 당신의 냉장고 속이 바로 당신의 (작게) 몸 속입니다.

(작게) 내가 먹는 음식이 곧 (크게) 나를 만듭니다.

청중을 지루하게 내버려 두지 않고 지속적인 관심과 경청을 유도하기 위해서는 문장과 문장 사이 쉬는 간격마저도 신경 써야 한다. 보이스 트레이닝 경험이 없는 사람들의 리딩을 듣다보면 한 문장이 끝나고 다음 문장이 시작되기까지의 텀이 마치 자로 잰 듯 지나치게

일정함을 깨닫게 된다. 바로 이 텀을 두고 흔히 '포즈'(pause)라고 부르는 데 평소의 포즈가 온전한 한 박자에 해당된다면 갑작스레 반 박자 정도로 그보다 짧게 쉬는 '반 포즈'를 함께 써보자. 한 박자 포즈를 몇 번 연속해 듣다보면 청중은 그 간격과 흐름에 익숙해져 다음 문장이 나올 시간을 스스로 가늠할 줄 알게 된다. 그런데 자신의 예측과는 다르게 반 박자 급하게 다음 말이 나오게 되면 한마디로 다른 생각을 할 틈이 없다. 그래서 다시 바뀐 흐름에 적용하고자 일종의 당혹감과 함께 상대의 목소리에 더욱 주의를 집중할 수밖에 없는 것이다. 그래서 나는 행사MC를 볼 때면 "안녕하세요. 아나운서 박은주입니다."라는 첫 문장을 마치는 즉시 "박수 한번 주세요!"라고 말한다. 문장 사이 포즈의 길이에 변화를 주는 것은 청중의 관심과 호응도를 극대화하는 고난도 기술이다.

'반 포즈' 기법을 가장 잘 활용하는 분으로 SBS〈그것이 알고 싶다〉의 진행자인 김상중 씨를 꼽고 싶다. 노련한 연기를 선보이는 대표적인 국내 중견 배우답게, 김상중 씨는 미궁에 빠진 사건 속 의문점을 냉철히 짚어낼 때, 또 결정적 실마리를 추적해가는 순간마다 반 포즈를 적극 활용함으로써 시청자의 마음을 조였다 풀었다 하며 듣는 이를 점점 자신의 목소리에 빠져들게 만드는 최고의 MC다.

아래 예문을 읽으며 한 박자 온전히 쉬는 경우(//로 표시)와 반 박자 정도로 그보다 짧게 쉬는 경우(/)의 차이를 확실히 두자. 처음에는 변별력을 기를 수 있도록 포즈의 길이를 훨씬 더 과장해서 연습하는 것도 영리한 방법이다.

▌반 포즈 기법 연습 1

안녕하세요. // ○○○입니다. / 박수 한번 주세요!

저희가 지금 이 계약을 해지해 드리면 취소가 불가능해요. / 보장도 모두 종료되고 향후 연금 보장 혜택도 받으실 수 없습니다. // 한 번 더 신중히 생각해 보신 뒤에 결정하시는 게 어떠실까요?

목소리 좋은 사람들은 무슨 말을 해도 왠지 그게 다 사실이고 진실일 것만 같은 생각이 들죠. / 손석희 앵커 같은 분이 바로 그렇습니다. // 이게 바로 좋은 목소리가 주는 신뢰감입니다.

사실 꿈이란 건 살면서 점점 늘어나기 보다는 하나씩 // 지워가는 게 맞는 것도 같습니다. // 제가 어린 시절부터 가졌던 수많은 꿈들 속에서 결코 지워지지도 않고, / 포기할 수도 없었던 단 하나의 꿈. // 그게 바로 // ○○○이었습니다.

반 포즈 기법을 쓸 때 꼭 명심할 점은 남발해서는 안 된다는 것이다. 반 포즈 두 개를 연이어 쓰면 듣는 이를 매우 집중시키는 효과가 있지만 세 개부터는 역효과가 난다. 따라서 결코 세 문장을 넘어서서 반 포즈를 연달아 넣어서는 안 된다. 네 개 이상의 말을 한 번에 붙여버리는 반포즈 '상습범'은 청중에겐 그냥 말 빠르고 성질 급한 사람으로 보일 뿐이니까 ……

예문에서 슬래시(/) 한 개로 표시된 반 포즈를 두 번 연달아 쓴 뒤에는 슬래시 세 개 만큼의 길이 동안 반드시 충분히 쉬고 다음 문장을 말한다. 강력한 효과를 지닌 신통방통한 약일수록 부작용이 큰

법! 반 포즈는 잘만 쓰면 더없이 효과가 좋지만, 남용하면 독이 되는 극약이다.

▌반 포즈 기법 연습 2

단순히 내가 백화점에서 쇼핑하길 좋아한다는 것과 유통업에 종사한다는 건 다릅니다. / 완전히 다른 이야기예요. / 일과 취미의 차이죠. /// 그래서 직업 선택에는 짧지 않은 고민의 시간과 다양한 탐색이 필요합니다.

그럴수록 약을 세 번 드셔야 돼요. / 왜냐면 이게 부작용 최소화 단계가 아니고 집중 치료 단계잖아요. / 할 때 확 하는 식으로 집중해야 효과가 좋습니다. /// 그러고 나면 또 천천히 줄여갈 수 있지요.

꿈을 이룰 수 있었던 비결은 바로 // 억울함입니다. / 이집트 피라미드 건설 비결도 // 억울함이라고 하더라고요. // 죽을 힘을 다해 한 층을 쌓으면 다음날 포기하고 싶어도 전날 노력한 게 너무 억울해서 포기를 못하고 // 그렇게 가다보니 인류 7대 불가사의 피라미드가 완성됐대요. / 저도 마찬가지입니다. / 변호사가 되고자 노력과 열정을 다 하다 보니 그만두고 싶어도 억울해서 포기를 못했어요. /// 그리고 결국 // 여기까지 온 것 같아요.

12세에 직접 게임을 만들어 팔기 시작하더니 27세에 인터넷 기업을 세우고 백만장자가 된 사람이 있습니다. // 그리고 31세에는 온라인 은행을 설립해 15억 달러에 팔더니. // 기름 한 방울 안 쓰는 자동차를 만들었습니다. / 이제는 화성을 여행하는 우주선까지 만듭니다. / 그는 상상을 현실로 바꾸고 있습니다. /// 바로 엘론 머스크입니다. / 지금 시대의 최고 천재로 불리는 CEO죠.

9. 상대의 귀에 쏙쏙 꽂히는 전달력 있는 음성 연출하기

먼저 다음 어구를 읽어보길 바란다.

의회 민주주의의 의의

만약 당신과 대화중인 상대방이 글자를 보지 않은 채 [으회민주주으으으으]나 [으이회민주주으이으이으이으이]라는 소리만 듣는다면 무슨 뜻인지 이해할 수 있을까? 전달력을 높이려면 '의'의 발음을 세분화해 정확히 읽어야 한다. 완벽한 발음은 [으이회민주주이에으이이]다.

'의'는 위치에 따라 세 가지로 구분해 발음한다. 첫째, 단어의 첫 음절에 올 때(예: 의혹, 의심)는 [의]로 발음된다. 발음의 정확성을 위해 '으+이'의 두 소리로 나누어 발음하되 '으'에 너무 오래 머무르지 않고 재빨리 '이'로 연결해 읽는 것이 관건이다. 내가 만나본 학생들이 가장 어려워하는 발음 중 하나가 바로 첫 음절에 오는 '의'였다. 예컨대, '의사'의 정확한 발음은 [으이사]지만 [으사]이라고 발음하는 것을 자주 들을 수 있고, 특히 경상도 출신 학생들은 [어사]에 가깝게 발음하곤 한다. 허준이 암행어사 박문수로 둔갑하는 순간이다. 둘째, 소유격을 표현할 때(예: 나의 꿈, 국가의 상징)는 [에]로 읽는다. 그리고 셋째, 중간이나 끝 음절 등 앞의 두 경우를 제외한 모든 자리(예: 탈의실, 여의도, 강의)에서는 [이]로 읽어야 한다. 아래 예시 단어를 통해 집중적으로 연습해 보겠다.

▌'의'를 세 가지로 구분하기

첫 음절에 오는 '의' → 으+이
의견 [으견] [어견] × → [으이견] ○
의식 [으식] [어식] × → [으이식] ○
의료 [으료] [어료] × → [으이료] ○

소유격의 '의' → 에
나의 꿈 [나으 꿈] × → [나에 꿈] ○
국가의 장래 [국까으 장내] × → [국까에 장내] ○
미지의 영역 [미지으 영역] × → [미지에 영역] ○
서민들의 바람 [서민드르 바람] × → [서민드레 바람] ○

나머지 경우의 '의' → 이
거의 [거으] × → [거이] ○
유의 [유으] × → [유이] ○
주의 집중 [주으 집쭝] × → [주이 집쭝] ○
보이스 강의 [보이스 강으] × → [보이스 강이] ○

바르고 정확한 발음은 목소리의 전달력에 있어 생명과도 같으니 '의' 외에도 2장에서 다룬 이중모음과 받침 등 발음 전반에 항상 주의를 기울여 말하도록 하자.

이외에도 모든 단어를 천편일률적으로 일정하게 읽는다면 흔히 말하는 '국어책 읽기'나 '염불'이 되고 만다. 핵심 정보는 강조하고

덜 중요한 부분은 무난하게 지나가는 식으로 맛깔스럽게 말한다면 목소리가 지닌 전달력이 급상승한다. 강조에는 참으로 다양한 기술들이 있는데, 톤의 높고 낮음, 성량의 차이 주기, 속도의 빠름과 느림 등 완급 넣기, 포즈 살리기 등을 통한 강조법은 앞에서 모두 설명했고 이제 남은 것은 '장음과 늘이기' 뿐이다.

먼저 장음에 대해 알아보자. 우리말에는 길게 발음해야 할 것과 짧게 발음해야 할 것들이 있다. 초등학생 때 배운 눈(eye)과 눈:(snow)의 차이를 기억하는가? 이 장음을 지켜 읽을 때 의미 전달력이 높아지고, 여유가 느껴지며, 말에 리듬감이 생겨 훨씬 점잖고 품위 있게 들린다. 연극배우, 연기자, MC 지망생들이 장음을 외우는 이유가 바로 그 때문이다. 방송연예계로 진출할 생각이 전혀 없는 일반인들도 장음으로 소리 내야 할 대표적인 단어들을 기억해 두었다가 일상생활에서 단 몇 개라도 지키면 목소리가 확 달라진다. 장음에 대해 전혀 모르는 사람들이라 할지라도 장음을 제대로 표현하는 경우의 음성이 훨씬 귀에 잘 들어오고, 듣기 좋다는 것만큼은 분명히 느끼기 때문이다. 장단음 여부는 포털 사이트나 국어사전 앱 등을 통해 손쉽게 확인할 수 있으니 시도해 보기 바란다.

장음을 암기한다는 말에 지레 큰 부담을 느끼는 사람들도 물론 있다. 사실 장음인 단어들이야 무수히 많지만 평소 빈번하게 쓰는 용어들은 어느 정도 한정되어 있어 부담이 크지 않다. 또 우리말 상당수는 한자어이므로, 어떤 한자어로 시작되는 말이냐에 따라서 장단음 여부를 쉽게 알 수 있다. 예를 '대:통령(大統領)'이 장음이라는 것을 알았다면, 똑같은 큰 대자가 들어 간 '대:부분(大部分), 대:학(大

學), 대:회(大會), 대:량생산(大量生産)' 또한 길게 발음해야 한다는 것을 자동적으로 알 수 있다. 수많은 아라비아 숫자 중에서도 장음은 '2, 4, 5' 단 세 개뿐이라 외우기 쉽다.

장음을 발음할 때는 모음을 길게 늘리는 것이 핵심이다. 예를 들어 '환:자'라면 [호안자]에 가깝게 'ㅘ' 모음의 음가를 늘려야지 [환~자]처럼 '환' 소리를 다 만들어 놓은 뒤 'ㄴ' 자음만 *끄*는 것은 옳지 않다. 대표적인 장음을 연습해 보겠다.

▌장음 연습

아라비아 숫자 장음: 이: 사: 오:

대표적 단어 장음: 가:능, 감:면, 건:축, 검:찰, 검:토, 경:찰, 계:획, 공:동, 교:육, 근:로, 내:용, 대:통령, 돈:, 많:다, 방:송, 병:원, 변:화, 보:도, 비:용, 사:건, 사:고, 사:람, 선:택, 숨:지다, 시:작, 시:장 시:행, 세:계, 야:당, 여:당, 연:구, 외:국 장:관, 전:기, 주:민, 총:리, 최:고, 취:재, 효:과, 한:국, 항:공, 현:재, 화:재, 환:자 등

장음이 아니라 할지라도 꼭 강조하고 싶은 중요한 단어라면 조금 길게 발음하는 것도 전달력을 키우는 좋은 전략이다. 국내 한 대형 교회의 목사님을 대상으로 보이스 트레이닝 개인지도를 진행한 적이 있는데 처음에는 무미건조하기만 했던 그 분의 설교가 "예에수님이 마알씀하셨습니다."와 같이 모음을 늘이려는 노력 하나만으로 확 달라졌다. 아래 예문을 읽으면서 늘이기를 통한 강조의 효과를 몸소

느껴보자.

▌늘이기 강조 기법 연습

어젯밤 바람이 엄~청 불었습니다.

우리 수강생들은 미모가 정~말 뛰어나십니다.

홍합찜에서 알싸~한 마늘 향도 나고 칼칼~한 게 한 마디로 최고!

그 집 아들은 돈을 진~짜 잘 벌어서 엄마한테 용돈을 그렇~게 많이 준
다더라!

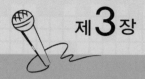

제 **3** 장

완성

누적 연습시간: 다섯 시간
예상 소요시간: 세 시간
준비물: 거울, 끈기

최고의 목소리로 향하는 장애물 넘기

내 명함에는 이런 글귀가 적혀 있다.

향기로운 말
꽃 같은 목소리
고객과 시청자께 '꽃다발을 안기는 마음으로 말하는 법'을 교육합니다.

　배경에는 분홍, 연보라색 장미와 하늘 빛깔 수국 그림이 가득하고, 세 군데 선을 따라 접어 상대에게 건네면 마치 꽃다발처럼 보이도록 특수 제작한 명함이다. 그동안 '꽃다발을 안기는 마음으로 말하는 법'을 교육하며 아주 많은 분들을 만났다. 그 중에는 방송 3사 아나운서, 종합편성채널의 앵커가 되어 아주 유명해진 제자들도 있다. 그러나 그렇지 않은 학생들 역시 내 인생에서 감사하고 소중한 인연이며, 무엇보다 그들과의 만남을 통해 나는 강사로 성장할 수 있었다. 좋은 목소리를 타고나거나 실력이 뛰어난 제자들만 가르쳤다면 지도하는 법을 잘 몰랐을 테니 말이다. 지난 10여 년 간 목소리에 관한 별의별 좌절 경험에 관해 들으며 함께 해결책을 고민하고, 쉼 없이 더 나은 목소리로의 교정방법을 찾는 과정에서 바로 이런 책도 탄생하게 되었다.

3장에서는 이렇듯 보이스 트레이닝 과정에서 학생들이 품게 되는 고민, 가장 궁금해 하는 구체적인 질문과 그에 대한 해결법을 담았다. 1장과 2장에서 이미 목소리의 기본기와 다양한 기술들을 배운 여러분이 이제 '최고의 목소리'라는 높은 목표로 가는 길에서 실제로 부딪힐 수 있는 갖가지 장애물들을 타파하는데 가장 직접적인 도움이 되고자 특별히 마련한 부분이다.

출생 이래 쭉 비만이었다는 나의 친한 친구가 2년 전 건강검진을 받고, 처음으로 동네 헬스장에 등록을 해야 하나 고민을 했다. 그 후 1년간 주 4회씩 죽어라 운동을 해서 원하는 몸무게를 만들더니 원하는 체지방량이 있다며 PT를 계속 받았고, 체지방 감량 후에는 근육량에 욕심이 생기더라고 한다. 충분한 근육까지 갖추고 나니 나에게도 라인이 있었으면 바라게 되고, 라인이 나오기 시작하니 그걸 유지하고 싶어졌으며 아쉬운 부위 근육은 더 키우고 싶었다고. 2년이 지난 지금 그 친구는 '몸짱'이 되어 대회에 나가보자는 소리까지 듣는다.

나의 이 멋진 친구처럼, 우리도 이제 완벽을 위해 조금만 더 욕심을 내보도록 하자. 당신은 처음 이 책을 펼친 이래 지금껏 다섯 시간 가량을 아주 잘 달려왔다. 첫 장에서 나는 여러분께 하루 중 딱 여덟 시간만 내달라는 부탁을 했고 이제 단 세 시간만이 남았을 뿐이다. 오후 한 시부터 시작해 네 시쯤 2장 독파를 마쳤다면 한 시간 가량 휴식을 취한 뒤 오후 다섯 시 정각부터 끈기 있게 마지막 장을 일독해보자. 실제 수강생들의 목소리 고민 BEST 10과 그에 대한 아주 특별한 솔루션으로 채워갈 이 마지막 장이 정말 재미있어질 것 같다.

1. 아나운서들의 주적은 '씹는 것'?

한 사람의 목소리에 있어 전달력과 신뢰도를 떨어뜨리는 가장 큰 장애물이 바로 '오독'이다. 방송이나 스피치 업계에서 흔히 '씹는다'라는 은어로 통하는 오독은 발음이 엉키거나 불분명하거나 완전히 틀리는 것 등의 총체적인 발음 실수를 가리킨다. 특히 밥 먹듯 뉴스를 진행하고 리포팅을 해 온 일부 10년차 이상의 앵커, 기자들도 자주 오독을 하고 "씹었네. 또 씹었어! 왜 이렇게 씹히지?" "씹는 것 때문에 진짜 스트레스다, 매일."이라고 말하는 걸 보면 발음 실수도 일종의 습관이라고 할 수 있다. 오독이 반복되어 습관으로 굳어지지 않도록 오독을 막을 수 있는 다섯 가지 비법을 공개한다.

첫째, 의미 단위로 나눠 읽자. 우리의 뇌는 어려운 발음으로 조합된 어구를 하나의 단어로 인식할 때보다 의미 단위로 잘게 쪼개어 이해할 때 오독이 확 줄어든다. 일례로 '건표고버섯'은 건조된 표고 종류의 버섯이므로 '건/표고/버섯'으로, '방범창점검'은 방범용 창을 점검한다는 뜻이므로 '방범/창/점검'으로 쪼개어 인식하는 것이다. 발표나 연설, 사회 진행 전 대본, 메모에 이렇게 미리 표시해 놓고 연습하면 오독을 예방할 수 있다.

▌의미 단위로 나눠 읽기

> 건/표고/버섯
>
> 방범/창/점검
>
> 신/논현/역
>
> 중등/왕중/왕전 뒤 이어진 고등/왕중/왕전에 국회/보건/복지/위원회
>
> 법안/심사/소/위원회/위원장의 보좌진이 참석했다.

둘째, 끊어 읽는다. 바로 위의 예시들처럼 의미상으로는 정확히 분리되지 않는 단어라 할지라도, 사람 이름이나 외래 지명은 역시 적절히 쪼개어 표시해 놓은 뒤 읽는 것이 좋다. 다시 말하지만 두뇌가 한 덩어리의 단어라고 파악할 때보다는 잘게 끊어 받아들일 때 입도 따라서 정확히 발음하는 것이 훨씬 수월해지기 때문이다. 내가 생방송 뉴스를 진행할 당시 원고를 받자마자 가장 먼저 했던 것이 바로 예독을 하면서 발음하기 어려운 부분을 찾아 다음과 같이 체크를 하는 일이었다. '이번에 공동 개발되는 유전은 이르/쿠츠크/주 북부에 있는 석유광구입니다.' '세이프/엘/라이질 이집트 육군 소장과 세르/게이/라브/로프 러시아 외교부 장관이 어제 상트/페테르/부르크에서 시리아 문제에 관한 대책/회의를 열었습니다.' '트리니/다드/토바고의 아사파/포웰이 브라질 리우/데/자네이루/의 코파/카바나 해변 특설 레이스에서 우승했습니다.'

물론 실전에서 이 표시 그대로 티가 나게 뚝뚝 끊어 읽어서는 안 된다. 기호는 어디까지나 연습 과정에서 우리가 눈으로 글자를 정확

하게 인식하기 위한 장치이지 그것이 곧 띄어 읽기 표시는 아니므로, 읽을 때는 자연스러운 목소리를 구사할 수 있도록 유의한다.

▌끊어 읽기

러시아의 이르/쿠츠크/주
트리니/다드/토바고
리우/데/자네이루의 코파/카바나/ 해변
세이프/엘/라이질 육군 소장
상트/페테르/부르크

셋째, 자꾸 틀리는 음절에 차라리 강세를 준다. 자주 오독하는 글자에 형광 마커나 눈에 잘 띄는 색상의 펜으로 미리 동그라미를 쳐놓거나 머릿속으로라도 해당 발음에 일종의 강세 마크를 하는 상상을 하면 더욱 주의를 집중하게 되기 때문에 오독 방지 측면에서 효과를 본다. 예를 들어 '경찰청철창살'은 [경찰청청창쌀]로 발음하기 쉬우므로 대본의 '철' 부분에 미리 동그라미를 치고 강세를 준다는 느낌으로 더 길고 더 세게 읽으며 연습하자. 만약 '철창살'이 '철찰상'으로 나는 사람이라면 '창살' 부분을 스타카토로 똑똑 끊으며 더 천천히, 강하게 발음해 본다. 대부분의 사람들은 본인이 자신 없는 발음일수록 후루룩 더 빨리 지나가려는 습성이 있는데 그럼 티가 덜나고 본인의 결점을 숨길 수 있을 거라는 기대와는 달리 이런 접근법은 발음 문제를 더 심화시킬 뿐이다. 당신이 하고 싶은 것과 반대로 하면 된다. 그렇게 할 때 오히려 문제가 고쳐진다.

▌자주 틀리는 음절에 강세 주기

> 경찰청**철**창살
> 동**반**성장위원회와 생명**탄**생위원회
> 황**반**변성망막

넷째, 장음을 지킨다. 장음을 지켜 발음하면 말에 자연스럽게 리듬과 흐름이 생겨서 오독의 여지가 줄어든다. 어느 분야든 '달인'이라 불리는 숙달된 전문인들을 보면 공통적으로 저마다의 리듬이 있으며, 면발 뽑기부터 호떡 반죽, 빨래 개기, 노 젓기든 발음이든, 일단 흐름을 탄 뒤로는 실수가 준다. 예컨대, '경찰청창살 검찰청창살', '한국방송예술진흥원'을 그냥 읽을 때는 방송계의 흔한 표현을 빌리자면, 발음을 '씹게' 될 가능성이 높지만 '경:찰청창살 검:찰청창살', '한:국방:송예:술진:흥원'과 같이 장음에 신경 써 발음하면 오독 방지가 충분히 가능하다. 복잡한 숫자를 읽을 때에도 마찬가지다. 수많은 아라비아 숫자 중에서도 길게 발음해야 할 장음은 '2, 4, 5' 단 세 개뿐이므로 이것만 천천히 발음해도 당신의 목소리에 일종의 리듬감과 여유가 생기며 실수가 확연히 줄어들 것이다.

▌장음 지키기

끝으로, 고쳐 읽는다. 발음이 어렵거나 입에 익지 않는 단어를 읽기 쉬운 다른 단어로 대체해 읽는 것은 사실 중요한 보고회나 공식 의전 행사, 특히 오디션장 등에서는 거의 불가능한 일이다. 발음이 곤란한 단어들을 일부러 배치해 자질을 평가하고자 하는 출제자의 의도를 무시하고, 제 멋대로 오독을 하는 것과 전혀 다름없기 때문이다. 하지만 자신이 직접 작성한 대본을 말하거나 일상적인 대화라면 의미를 크게 벗어나지 않는 선에서 고쳐 읽는 센스를 적극 발휘하자. 예컨대 '민주주의의 의의'는 '민주주의의 참뜻'으로, '120여 억 원' '4,000억여 원'은 '약 120억 원' '약 4,000억 원'으로, '손기정 옹'을 '손기정 선생'으로, '철야 조사를 벌였습니다.'는 '밤새 조사했습니다.'등으로 바꿔 읽을 수 있다. 비가 오면 당연히 우산을 써야 하고 그러려면 비 오기 전에 미리 우산을 준비해 놓아야 할 것이다. 오독을 미연에 방지하는 이상의 다섯 가지 방법은 당신의 정확한 발음을 지켜주는 든든한 우산 같은 존재다.

2. 입만 열면 깨는 그녀. 외모와 매치 안 되는 목소리는 무엇 때문?

　지금껏 내가 만난 아나운서 지망생 중 미모가 가장 뛰어났던 학생은 단연 H양이다. 첫 수업에 참석한 그녀를 처음 본 순간, 배우 김아중, 혹은 손예진 씨의 동생 정도가 아닌가 하는 착각에 잠시 빠졌을 정도로 그녀는 톱스타 몇 명을 한데 섞은 듯 한 남다른 외모의 소유자다. 과연 목소리는 어떨까 관심이 가기에, 여러 수강생들 앞에 나와 첫 순서로 모의 면접 테스트를 해 보자고 했다. 그런데 마이크 앞에선 H양이 처음으로 내게 한 말은 "일빠로 하려니 떨리네요!"였다. "주량이 어떻게 되나요?"라는 질문에는 "제가 주량이 쫌 쎕니다. 쩌번에는 쏘주 다섯 잔 정도를 마시고~."라 답하고 "지난 주말에는 뭘 했나요?"라고 물어보니 "짝은 오빠랑 애쑬리에 가서 제가 좋아하는 뽁음밥을 먹었습니다."라는 답변을 들려줬다. 불필요한 된소리의 남발 때문에 H양은 한 마디로 '입 열면 깨는' 스타일이었다.

　'ㄲ''ㄸ''ㅃ''ㅆ'과 같은 된소리가 필요하지 않은데도 굳이 세게 발음하는 경우를 주위에서 자주 본다. '뺑아리' '동싸무소' '뽁다' '썪이다' '쎄다' 등 웬만한 첫 자음들은 다 거칠게 발음해야만 직성이 풀리는 듯 보이는 사람들도 많다. 또한 젊은층으로 갈수록 이러한 현상에 더 깊이 물들어 있는 것 같다. 아래와 같은 식으로 입만 열면 불필요한 된소리를 남발하는 분들이 내 주위에도 적지 않다.

▌불필요한 된소리 남용 사례

집 창꼬 유리창이 너무 더러버서 쫌 딱꼬요. 간딴히 아침 먹고 봄옷 쫌 쎄련된 거 없나 쩌기 서면 지하상가 쫌 둘러보고 왔어요. 저녁에는 가족들이랑 꼬기 꾸워 먹고 멸치 뽂아 놓고 TV 쪼끔 보면서 꽈자 먹따 잤습니다.

물론 나 역시도 된소리를 섞어 강하게 말하면 말의 맛이 더 살 때도 있다는 점에는 일부 동의한다. "자기, 커피 진하게 타 줘"보다 "짜기, 커피 찐하게 타 줘"라고 할 때 말하는 재미가 더 나는 것 같기도 하다. 그러나 말은 곧 생각과 정신이기도 하다. 그래서 오늘날 우리의 발음이 규칙을 점점 벗어나 강하고 거칠어진다는 것은 곧 우리 국민의 정서가 그렇게 변해간다는 뜻이라고 지적하는 학자들이 많다. 개인적으로도 된소리를 남발할수록 목소리는 물론 이미지나 성품까지도 거세지거나 경박해질 위험이 있으니 가급적 센 발음을 줄여가야 겠다.

사실 된소리를 내야 할 때와 그렇지 않을 때를 100% 구분할 수 있는 분명한 기준이나 어문법칙은 없는 실정이다. 하지만 국어학계와 방송언어 화법에서 된소리를 내야 하는 단어와 그렇지 않은 단어들만큼은 이미 관습으로 분명히 정해져 있으니 모든 경우에 적용 가능한 법칙을 찾으려고 고민하기보다는, 평소 자주 쓰이는 단어들 위주로 올바른 발음 자체를 그때그때 찾아 외우는 식으로 익혀 놓는 편이 좋겠다. 된소리와 관련해 만능의 공식 같은 것은 없다. 그러나 아래 예시 단어들만 제대로 점검하며 이 문제에 관해 인식하는 계기로 삼는다면 된소리와 관련된 발음 실수의 90% 이상을 막을 수 있다.

▌목소리에서 불필요한 된소리 빼기

제일 [쩨일] × → [제일] ○

저기 [쩌기] × → [저기] ○

세련 [쎄련] × → [세련] ○

소주 [쏘주] × → [소주] ○

세다 [쎄다] × → [세다] ○

좀 [쫌] × → [좀] ○

간단히 [간딴히] × → [간단히] ○

교과서 [교꽈서] × → [교과서] ○

창고 [창꼬] × → [창고] ○

은행창구 [은행창꾸] × → [은행창구] ○

등기우편 [등끼우편] × → [등기우편] ○

반창고 [반창꼬] × → [반창고] ○

고가도로 [고까도로] × → [고가도로] ○

불법주차 [불뻡주차] × → [불법주차] ○

섞이다 [써끼다] × → [서끼다] ○

정상적 [정상쩍] × → [정상적] ○

성공적 [성공쩍] × → [성공적] ○

양심적 [양심쩍] × → [양심적] ○

유리창 닦다 [유리창 딱따] × → [유리창 닥따] ○

3. 노홍철 시옷 발음을 고쳐라!

부정확한 시옷 발음은 연예인 노홍철 씨의 트레이드 마크다. 평소 시옷 발음이 잘 되지 않아 고충을 토로하던 그가 한 TV 프로그램에서 성우가 운영중인 발음 교정 학원을 찾는다. 그에게 내려진 진단은 '혀를 움직여야 하는 시옷 발음은 보통 5~6세 때 배우게 되는데 그 시기에 잘못된 발음을 교정받지 못하고 고착된 것으로 보인다'는 것. 이에 대해 노홍철 씨는 "아들뿐인 가정에서 아버지가 딸을 무척 원하셔서 막내인 내가 어린 시절부터 딸 노릇을 하며 과한 애교를 부리게 됐는데 그때의 혀 짧은 소리가 굳어지게 된 것 같다."는 말을 했다.

시옷 발음 교정방법을 자음과 모음 두 부분으로 나누어 설명하겠다. 먼저, 자음 시옷 자체에 문제가 있는 경우라면 전적으로 혀의 잘못된 위치 탓이다. 한마디로 혀를 너무 길게 쓴다는 말. '스'라고 발음할 때 혀 끝이 앞니 바로 뒤 딱딱한 잇몸 밑에 자리하고 잇몸과 정말 닿지는 않은 상태에서 공기가 앞으로 빠져나가야 한다. 그런데 혀가 잇몸에 접촉해버리거나, 거기서 더 길게 혀가 나와 윗니와 아랫니 사이에 끼어버리면 영어의 'th' 또는 [드]에 가까운 우스꽝스러운 발음이 되고 마는 것이다.

혀의 위치를 확인할 수 있는 탁월한 방법을 소개한다. '우, 으, 스, 드, 뜨'라고 차례로 발음해 보면 혀가 점점 앞으로 나온다는 것이 무엇인지 누구나 확연히 느낄 수 있을 것이다. '우'를 발음할 때에는 혀가 완전히 뒤로 당겨지고, '으'에서는 조금 더 앞으로 나오며 '스'에서는 혀가 잇몸에 닿을락 말락 하다가 '드'에서는 혀가 윗니와 잇몸 경계에 닿고, '뜨'라고 할 때는 이와 이 사이에 끼어 남이 내 혀끝을 볼 수 있을 정도가 된다.

▌우으스드뜨 혀 위치 확인법

우–으–스–드–뜨

다시 한 번 말하지만 시옷 발음을 할 때 앞 사람이 볼 수 있을 정도로 혀가 앞에 위치하면 곤란하다. 디귿 또는 쌍디귿에 가깝게 변형되는 것을 막으려면 혀를 밑으로 내리고, 뒤로 잡아당기자. 이 설명이 어렵게 느껴지면 다음의 세 가지 동작을 해보라. 먼저, 입을 크게 벌리고 하품을 하면 혀가 자연스레 아래로 내려간다. '푸우~' 소리를 내면서 입술을 터는 입풀기 운동을 해봐도 혀가 밑에 위치하게 된다. 단순히 '아' 모음을 길게 발음하는 것 역시 혀를 구강의 뒤쪽 바닥에 까는 법을 자연스레 익히는 방법이다.

▌혀 내리는 법

'하아~' 하품하기
'푸우~' 입술털기
'아~' 모음 발음하기

다음으로 혀의 위치에는 별문제가 없는데도 시옷 소리가 새는 유형의 시옷 교정법이다. 'ㅅ'은 치조음이라고 해서 원래 치아 사이에서 바람이 새어 나오며 소리가 난다. 그런데 바람 소리가 유독 거세게 날 경우 'ㅅ'이 샌다고들 한다. 'ㅅ'에 문제가 있는 경우 같은 치조음에 속하는 'ㅈ, ㅊ' 역시 새기 마련이다. 이걸 고치고 싶다면 'ㅅ'과 결합한 모음을 제대로 발음해야 한다. 사실 'ㅅ'을 비롯한 자음 자체는 아무 음가가 없고 모음과 결합한 뒤에야 비로소 소리가 나게 된다. 따라서 'ㅅ' 소리를 전달해 주는 모음을 더 천천히 정확하게 발음하도록 노력할 때 문제가 해결될 것이다.

여러분의 이해를 돕기 위해 다음과 같은 비유를 들고 싶다. 세차를 하려고 수도꼭지를 힘차게 틀었는데 잠시 후 물이 뚝뚝 새기 시작한다. 이것이 과연 물 자체의 문제일까? 물의 잘못이 아니라 호스 어딘가에 구멍이 났기 때문이다. 새는 'ㅅ' 발음은 물, 'ㅅ' 소리를 전달해 주는 '모음'이 호스라고 생각해 보면 문제 해결을 위해 무엇을 신경 써야 할지가 분명해진다.

예컨대, '소송'이라는 단어를 발음할 때는 [소오소옹], '사슴'은 [사아스음]에 가깝도록 모음에 특히 주의해서 조금 길게 강조해 발음하자. 다수의 강사들이 책이나 강의를 통해서 시옷 발음을 고치고자 한다면 입모양을 크게 해야 한다거나, 혀의 위치를 낮춰야 한다, 안에서 밖으로 밀어내는 느낌으로 단어를 발음하면 된다는 식으로 저마다 다양한 조언들을 내놓는데, 자세히 살펴보면 이러한 방법들은 모두 공통적으로 모음을 제대로 발음하는 방법이라고도 볼 수 있다.

이제까지의 조언을 모두 종합해 지금부터는 혀를 아래에, 목구멍

쪽에 가깝게 최대한 뒤로 낮추고, 시옷과 결합된 모음의 입모양을 크게 하며 소리를 입 안쪽에부터 바깥으로 밀어낸다는 느낌으로 천천히, 정확하게 아래 문장들을 발음해 보자. 노홍철 씨가 이 책을 본다면 좋겠다. 혹시 독자 여러분 중 그의 지인이 있다면 이 책을 적극 추천해 주시길. 앞으로 방송에서 노홍철 씨의 또렷하고 정확한 발음을 들을 수 있기를 기대해 본다.

▌시옷 발음 연습

솔솔 마데카솔이 상처에 솔솔

숭실소학교 소속 소리판 설치 기사의 설명

소나무 송충이는 솔잎을 먹소. 숲속 산짐승은 산삼을 먹소.

사랑 찾는 숫사슴과 사랑 찾은 새 소리, 소나무 숲 솔 소리
신선한 생선 사시미와 생수, 싱싱한 채소 같은 신선품 사오세요.

스위스 출신 시인의 시비와 시집을 산 서울시 서소문구에 사는 신성수 씨를 찾습니다.

FM 3333.3 MHZ. 신뢰의 상징 세실생명에서 세 시를 알려드립니다. 잠시 후 세 시 삼십삼 분부터 싱숭생숭FM에서는 생생한 소식을 세상에서 가장 신속하게 전하는 〈생방송 싱싱생생 체험 삶의 세상〉이 방송됩니다. 참여는 #3333, 330원의 유료 문자 이용하시고, 스마트폰으로 참여하실 수 있는 싱숭생숭 세상은 무료입니다.

정말 가고 싶은 회사 면접을 볼 때마다 염소 세 마리는 몰고 온 듯 목소리가 떨리기 시작하더니 안면마비 증세까지 오더라며 스트레스를 호소하는 젊은이들이 적지 않다. 면접, 사회, 발표, 영업, 소개팅에 이르기까지 모든 종류의 말하기 자리에서 사람들이 가장 중요하게 보는 것 중 하나가 바로 자신감 있는 목소리다. 자신의 의지와 무관하게 마구 떨리는 목소리는 이미지에 치명타를 가해 낙방, 실패의 요인이 될 수도 있다.

이런 증세를 겪게 되는 원인을 전문적인 관점에서 보면 크게 '연축성 발성 장애'와 '근긴장성 발성 장애' 두 가지로 나눌 수 있다. 먼저 연축성 발성 장애는 신경 자체의 질환으로 신경이 후두 근육을 자극해서 본인의 의지와 관계없이 성대가 움직이는 것이다. 이 경우 이비인후과를 찾아 보톡스 등을 주입해 근육을 마비시키는 것으로 손쉽게 해결할 수 있다.

연축성 발성 장애라면 평상시에도 늘 목소리가 떨리는 증상이 나타나지만, 근긴장성 발성 장애는 과도하게 긴장하거나 피로한 상황에서만 증상이 나타난다는 차이가 있다. 심한 목소리 떨림으로 고생하는 사람들의 90%는 근긴장성 발성 장애를 앓고 있다고 하는데 질환이 아니라 신체적, 심리적 원인으로 인해 증상이 드러나는 것이므로 가급적 심리적 안정을 찾고 피로도를 낮추는 방법 밖에는 없다.

음성 떨림은 젊은 여성층에서 빼빼 마르고 신경이 예민한 사람들

중에 특히 많으니 평소 적절한 운동으로 긴장, 짜증, 스트레스를 떨치고 건강해지려 노력해야 한다. 목은 몸으로부터 에너지를 받고, 목소리는 몸 상태를 꽤 정확히 반영한다. 몸통 여기저기가 닳고 부서진 바이올린에서 과연 좋은 소리가 날 수 있겠는가? 몸이 아프면 목도 아픈 법, 건강한 목소리 만들기는 장기적인 관점에서 곧 건강한 몸 만들기이다.

또한 면접이나 말하기 시뮬레이션을 자주 반복해야 실전에서 급격히 치솟는 긴장도를 낮출 수 있다. 정말 중요한 스피치라면 자다가 일어나도 바로 술술 할 수 있을 정도가 되어야 한다. 몸에 각인될 정도로 연습에 연습을 거듭한다면 무대공포증은 100% 치유할 수 있다고 믿는다. 특히 가장 초반에 공포가 최고조에 달하기 마련이므로, 다른 것 다섯 번 연습할 때 오프닝, 도입부는 열 번씩 연습하는 것이 맞다. 처음 몇 분만 잘 넘기면 이후의 스피치는 자연스럽게 술술 흘러간다. 또 하루 10분 이상 복식호흡을 연습하는 것도 실전에서의 호흡을 느리고 깊게 만들어 심리적 안정을 얻는데 큰 도움이 된다.

정말 개인적인 조언으로는 '떨림도 힘이 된다.'라는 말을 전하고 싶다. 나 역시 강원도부터 제주도에 이르기까지 전국의 다양한 방송사 면접장에서 수많은 떨림의 순간들을 경험해 보았다. 그런데 어느 순간 깨닫고 보니 스피치를 망치는 것은 떨림 그 자체라기보다는 떨림에 대한 나의 부정적인 반응이었다. 떨림을 인지한 순간 '떨리네. 이제 큰일 났다. 나 망했다!' 식의 어두운 생각을 떠올리니 점점 더 부정적, 회의적, 소극적으로 변하는 나의 마음가짐이 현실의 실패를

낳는 것이었다. 그러니 마인드의 전환을 통해 지금부터는 떨림을 긍정적으로 바라볼 것. 실제로 심리학이나 신경정신학계에서는 떨림을 '몸과 마음이 잘 해보고자 의욕을 갖고 분발해 있는 상태'라 긍정적인 관점에서 정의한다고 한다.

따라서 떨림을 박멸해 보겠다고 약을 먹는 것은 가장 어리석다. 에너지가 남아있지 않을 정도로 사람을 풀어버리는 그런 약들의 부작용은 무대공포나 울렁증보다 더 해롭다. 면접관 앞에서 자신이 뽑히는 것이 당연하다고 생각하며 풀어져 있는 지원자는 전혀 매력적이지 않다. 생각해 보라. 당신에게 사과 한 개가 있다면 과연 누구에게 주고 싶을까? 가장 배고파 보이는 사람일 것이다. 그런 이에게 건넬 때 내가 가진 사과의 가치가 가장 높아진다. 마찬가지로 지원자의 간절한 눈빛과 약간의 떨림이 심사위원의 마음을 녹이기도 한다. 긴장을 굳이 없애려 하지 말고 적당히 인정하자. 나아가 더욱 집중하고 분발하기 위한 도구로 삼아보길 바란다. 나 역시 수없이 많은 방송국 시험장에 서보았지만 최종합격을 한 것은 떨었을 때였지 여유가 넘쳐났을 때는 결코 아니었다. 조금 떨린다고 자신감을 잃지 말고, 긍정적인 생각으로 최선을 다해 정성껏 말해 보자. 시작은 그것으로 충분하다.

5. 코창력? 코맹맹이 목소리에서 비음 빼기

최근에 나온 신조어 중 '코창력'이라는 것이 있다. 콧소리와 가창력이 합쳐진 단어로 코로 한껏 호흡을 끌어모아 도드라진 비음으로 간드러지게 노래 부르는 사람에게 쓰는 말이다. 약간의 비음은 매력 포인트가 되기도 해서, 특히 여성들을 대상으로 한 교육 커리큘럼의 가장 후반부에 매력적인 콧소리 넣는 방법을 가르치는 스피치 학원도 있는 것으로 안다. 하지만 유난히 과한 콧소리는 한마디로 부담 백배이니 가급적 고치자.

코맹맹이 소리, 즉 비음을 내는지 여부부터 스스로 간단히 확인할 수 있는 방법이 있다. 엄지와 검지로 코를 쥐고 '내 마음'이라고 발음해 본다. 이때 손가락에 진동이 느껴진다면 당신은 정상이다. '난~' '강~' '담~' 등을 발음하면서 갑자기 코를 막아보자. 그러면 내 의지와 무관하게 발음이 더 이상 안 되며 목소리가 뚝 끊겨버린다. 니은, 미음, 이응은 원래 울림소리 중 비음에 해당되며 코가 울려야만 소리 나게 되어있기 때문이다.

▌비음 확인하기

(두 손가락으로 코를 잡고) 내 마음   난~ (갑자기 두 손가락으로 코 잡기)
강~ (갑자기 두 손가락으로 코 잡기)   담~ (갑자기 두 손가락으로 코 잡기)

이번에는 '각하' '국화'라고 말해 보자. 종전과 같은 떨림이 감지되면 그건 비정상이다. '각하'나 '국화'는 코의 울림이 필요 없는 단어이므로 이럴 때 진동이 온다면 불필요한 비음을 내고 있다고 봐도 무방하다. 비음이 심할 경우 비강 자체에 비염, 축농증이 있을 가능성이 크니 병원을 찾아 진단을 받는 것이 급선무다. X-레이를 찍어 보면 이전에 앓았던 감기 등의 후유증으로 본인도 모르는 사이에 비강 전체에 농이 퍼져 있는 사람들도 종종 있다. 그러나 비강에 별문제가 없다면 콧소리를 빼는 방법을 스스로 익혀 실천만하면 된다.

첫째, 비음의 가장 큰 원인은 호흡을 위로 끌어올리며 코로 빼내는 습관이다. 비음이 심한 사람의 성대모사를 한다고 상상해 보자. 성대모사의 달인이었던 방송인 조정린 씨는 현영이나 전도연 씨의 애교 넘치는 목소리를 따라 하기 직전 '흥흥' 소리를 내며 콧구멍을 최대로 넓히고 입과 코로 잔뜩 끌어 마신 공기를 코로 내뱉는 일종의 '준비운동'을 거치곤 했다. 그렇게 할 때 콧소리가 잘 나기 때문이다. 집게손가락을 들고 아래에서 출발해 위를 향하는 곡선을 그리며 비음을 구사해 보고, 이어 앞으로 곧게 뻗어나가는 직선을 그리면서 두 경우의 목소리의 차이를 비교해 보자. 이상적인 목소리를 내려면 천장 방향이 아니라 높이를 아래쪽으로 내려 정면을 향해 꽂는 느낌으로 말해야 한다. 듣는 사람은 내 앞에 있지, 내 머리 위에 위치하는 것이 아니기 때문이다.

(밑에서 위로 올라가는 동그라미 그리며)
안~ 온~ 먼~
(밑에서 위로 올라가는 동그라미 그리며)
안녕하세요. 온경인입니다. 먼저~

(뒤에서 앞으로 나가는 직선 그리며)
안~ 온~ 먼~
(뒤에서 앞으로 나가는 직선 그리며)
안녕하세요. 온경인입니다. 먼저~

　　소리의 방향이 위가 아닌 앞을 향해야 한다는 조언을 이해하기 힘든 분이라면 '빨대불기'를 해본다. 빨대 하나를 준비해서 한쪽은 입에 물고 다른쪽은 끝 부분을 접어 입구가 밑을 향하게 한다. 이렇듯 호흡의 통로가 약간 막혀 있어야만 공기의 압력이나 소리의 방향감을 온전히 느낄 수 있기 때문이다. 먼저 양쪽 볼이 빵빵해지도록 힘껏 빨대를 불어보고, 빨대를 문 상태에서 '아' '안' '온' '먼'이라는 소리도 내보자. 그때의 느낌을 그대로 기억한 상태에서 빨대 없이 똑같은 음절을 반복해 읽는다. 그러면 더 이상 위로 향하는 곡선 패턴의 힘없는 비음이 아니라 정면을 향해 전진하는 단단한 목소리가 만들어질 것이다.

▌ 빨대불기법

> 빨대를 입에 물고 다른쪽 끝 부분을 접어 밑으로 내린다.
> 양볼이 빵빵해지도록 힘껏 빨대를 분다.
> 빨대를 문 상태에서 '아' '안' '온' '먼' 소리를 낸다.
> 빨대를 치우고 종전의 느낌대로 다시 '아' '안' '온' '먼'이라 발음해 본다.

또한 비음이 있는 사람들은 하나같이 입을 옆으로만 벌리며 말하는 것을 자주 보게 된다. 예를 들어 '국화가'라고 할 때 '국화' 대신 '극하'에 가깝도록 발음해 [그카가] 또는 [그캬가]와 비슷하게 들리는 것. 따라서 입 모양을 좌우로만이 아닌 상하로 크게, 또 '오'와 '우' 발음은 입술을 앞으로 모아 정확하게 만드는 연습을 하면 된다. 결론적으로 콧소리를 빼려면 입모양을 위아래로, 또 앞으로 부지런히 움직이고 호흡은 가급적 낮추자. 호흡이 머리 위로 올라가지 않게 아래로 가능한 한 내린다는 느낌으로, 그리하여 소리를 코가 아닌 입으로, 곡선이 아닌 직선의 느낌으로 곧게 앞으로 더 앞으로 빼내는 것이 관건이 되겠다.

6. 랩인지 말인지, 입에 모터 달았냐는 지적을 받는다면?

교육 현장에서 많은 사람들을 지켜본 결과 말이 느린 사람이 속도를 높이기는 쉬워도 말이 급한 사람이 여유를 갖기까지는 대단한 노력과 인내심이 필요했다. 말이 랩처럼 빨라서 상대가 이해하기도 전에 후루룩 흘러가거나 설렁설렁 지나간다는 지적을 받은 적이 있다면 다음 네 가지를 명심하자.

첫째, 자기 귀로 자기 말을 듣는다는 생각으로 읽는다. 말을 빨리하는 사람들의 특징은 자기 말을 마구 내뱉는 데에만 골몰한다는 것이다. 내 말을 내 귀로 들으며 말한다면 절대 속도가 빨라지지 않는다. 아니, 빨라질 수도 없다.

또 말이 급한 사람 치고 제대로 쉬어가며 말하는 사람이 없다. 따라서 둘째, 띄어 읽는 포즈를 자주 둔다. 업무용 스크립트가 있거나 대본을 작성해 발표하는 상황이라면, 중간중간 끊어 읽어야 할 부분들을 사전에 손수 표시해두고 의식적으로 꼭 지킨다. 그러나 이도저도 전혀 안 통한다면 박수를 넣자. 아래 예문을 읽을 때 포즈 표시가 된 곳마다 박수를 치면 적어도 그 순간만큼은 손뼉을 치느라고 말을 할 수 없기 때문이다.

▌박수로 포즈 지키기

'전정' 설명을 하실 때에도∨ 가지와 가지 사이∨ 틈을 많이 주라는 말보다∨ "귤나무는 친구가 필요 없어"∨ 이런 식으로∨ 표현해 보세요.∨ 교육생들 뇌리에∨ 더 깊이∨ 박히겠죠.∨ 덕분에 친구들을 없애고∨ 홀가분해지는∨ 우리 귤나무!

셋째, 원고의 군데군데 '천천히'라 적어놓고 각 음절을 스타카토로 또박또박 끊어서 연습한 뒤 점점 속도를 높여간다. 한 글자를 말할 때마다 꼭 한 번씩 집게손가락으로 콕콕 찍는 시늉을 하거나 어구를 몇 부분으로 나눠놓고 집게손가락을 한 바퀴씩 뱅뱅 돌려보기, 특정 음절이나 음가를 생략하지 않고 표기법 그대로 모든 발음을 꼭꼭 씹어 발음하듯 잘 챙기는 것이 효과적인 요령이다.

▌흘리는 발음 또박또박 연습하기 비법

고개임~ 고개임이~ 그러니까 고개임께서~입니다. 고개임 → (집게손가락으로 한 음절씩 콕콕 찍으며) 고.객.님. (부르고 나서 살짝 쉬고) ~입니다.
건강하십쑈 → (집게손가락으로 한 음절씩 콕콕 찌르며) 건.강.하.십.시.오.
기달주셔 감사합니다. → (집게손가락 돌리기) 기다려 ∨ (집게손가락 돌리기)
주셔서 ∨ (집게손가락 돌리기) 감사합니다.
저나주쓴분이 → (ㅎ 소리를 잘 챙기며) 전화주신분이
안녕가세요 → ('히'를 잘 챙기며) 안녕히가세요.
주소 말씀주시겠습니까? → ('해'를 잘 챙기며) 주소 말씀해주시겠습니까?
에아레스(ARS) → ('이'를 잘 챙기며) 에이알에스
케베스(KBS) → ('이'를 잘 챙기며) 케이비에스
에레베타 → ('리' '이'를 잘 챙기며) 엘리베이터

7. 말끝을 흐리고 쩍쩍 갈라지는 목소리를 깨끗하게, 맑게, 야무지게~!

'~고', '~며', '~데, '~요.' '~ㅂ니다.'와 같은 중간 어미나 종결 어미마다 목소리가 흐려지거나 갈라지고 잠기기까지 한다면 큰 문제다. 이유는 크게 두 가지인데 낮은 음이 잘 내려가지 않거나 문장 끝으로 갈수록 호흡량이 부족하기 때문이다.

첫 번째 경우라면 성대가 낮은 음역대에 적응할 수 있도록 낮은 음을 따로 떼어 반복 연습하는 길 밖에는 없다. 그래서 나는 성대를 단련시키고자 눈앞에 보이는 모든 상황에 'ㅂ니다'를 붙여 "창문이 보입니다. 버스가 옵니다. 사람이 지나갑니다. 모자를 썼습니다. 다리를 건넙니다. 불이 켜집니다."와 같은 문장으로 종결어미를 집중적으로 연습했더니 한 달 후에는 완벽하게 깔끔한 저음을 낼 수 있었다. 'ㅂ니다'로 끝나는 단문으로 시작해 점차 문장의 길이를 늘여가면서 적응해 가는 것도 좋다. 아래 예문들을 읽을 때 가급적 한 호흡에 한 문장을 소화해 보도록 노력하자.

▌단계별 종결어미 훈련

장미가 피었습니다.
빨간 장미꽃이 피었습니다.
할머니가 좋아하시는 빨간 장미꽃이 올해도 예쁘게 피었습니다.
옆집 울타리에 우리 할머니가 좋아하시는 새빨간 장미꽃이 올해도 송이

송이 예쁘게 피어있습니다.
파란 지붕이 멋진 옆집 흰색 울타리에 우리 멋쟁이 할머니가 좋아하시는
새빨간 장미꽃이 올해도 송이송이 예쁘고 화려하게 한 무더기 피어있습니다.

두 번째로 호흡이 부족한 경우에는 앞서 다룬 복식호흡을 통해 기본 폐활량을 점차 늘려가고 종결어미 전 숨쉬기 포즈를 하나 더 둠으로써 어느 정도 문제를 해결할 수 있다. 촛불을 켜놓고 호흡을 최대한 가늘고 길게 뱉으면서 불이 꺼지지는 않고 균일하게 흔들리는 상태로 20초 이상 최대한 오래 유지하는 연습은 폐활량을 늘리고 호흡량 조절 능력을 익히기에 좋다.

▌촛불을 이용한 호흡 조절법

촛불을 켜놓고 불이 꺼지지 않는 범위에서 숨을 최대한 가늘고 길게 뱉는다.
촛불이 균일하게 흔들리는 상태로 20초 이상 지속한다.

흐리거나 갈라지는 문제 보완에서 더 나아가 어미처리에 탄력과 생기까지 넣고 싶은 분은 직선과 곡선 어미를 번갈아 쓰면 된다. 즉 집게손가락을 든 채 좌우 대칭된 니은이나 기역 문양을 그리며 그 모션에 나의 목소리를 일치시킨다면 직선 어미가 만들어지고, 반원

을 그릴 때는 자연스러운 곡선의 어미 처리가 가능하다. 직선 형태만 쓰면 확실하고 또렷한 이미지이기는 하나 으르륵 딱딱거리는 식의 기계적, 사무적인 목소리가 되고 부드러운 선만 반복되어도 지나치게 다정하고 약한 느낌에 비전문적으로 보일 가능성이 있으니 두 가지 어미를 번갈아가며 구사해야 할 것이다. 두 가지 방식을 섞어 아래 예문을 처리해 보자.

▌직선과 곡선 어미 집중 연습

(손가락으로 기호를 그리며 읽기) 납입중지를 말씀하시는 겁니까? ↲

아, 그러세요! ↘ 3개월 정도만 중단 원하신다는 거죠? ↘

확인해보겠습니다. ↱ 잠시만 기다려주시겠습니까? ↘

네, 고객님! ↘ 확인되었습니다. ↰

기다려주셔서 감사합니다. ↰

8. 엿가락처럼 늘어지는 목소리에 특효약은?

엿가락마냥 쭉쭉 늘어지거나 어미 처리가 무거워 축축 처지는 목소리가 있다. 이런 목소리로 가령 "힘 내! 할 수 있어, 파이팅!"과 같이 아무리 좋은 말을 해준다 해도 듣는 사람은 저도 모르게 힘이 쭉 빠지고 처지는 기분이다.

첫째, 고개로 절구 찧기를 해보자. 말끝이 늘어지지 않도록 잡아주고 전달력도 키워주는 탁월한 연습법이다. '쿵'이라 적힌 부분에서는 무겁게 고개를 많이 내리고 '탁'에서는 순간적으로 가볍게 턱을 조금 치켜든다. 이때 고개를 높이 올려버리면 어미가 다시 길어지게 되니 내린 만큼의 절반 이하로만 재빨리 올리자. 이 방법을 쓴다면 절대 '본인되십니끄아, 있으셨을까요오, 확인되십니끄아, 박은주입니드아' 처럼 늘어질 일은 결코 없다.

▋고개로 절구 찧기

'쿵'에 무겁게 고개를 내리고 '탁'에는 고개를 반만 들어올린다. 굵은 글씨로 표기된 부분은 특히 강조해 크게 읽는다.

(쿵) 본인되십니 (탁) 까?

(쿵) 있으셨을까 (탁) 요?

(쿵) 확인되십니 (탁) 까?

둘째, 포즈가 너무 많아도 탄력 없이 늘어지는 어투가 되니 경계한다. 이런 문제를 가진 분들이라면 기존에 세 번 정도 쉬어가며 했던 말을 앞으로는 딱 두 번만 쉬고 한 번은 붙이는 식으로 소화하게끔 포즈 개수 조정에 나서야 한다.

▍포즈 줄여가기

박은주 님～ 확인을～ 해드리게 되며느은～두 분 다～ 4일인데～ 계약날짜느은～ 두 건 다～ 7일입니다. ➡ 박은주 님～ 확인을 해드리게 되면～ 두 분 다 4일인데～ 계약날짜는 두 건 다 7일입니다.

셋째, 실제 수업 현장에서 좋은 교육효과를 거둔 방법 중에 '연꽃 받침법'이 있다. 늘어지기 쉬운 중간 어미나 종결어미를 발음할 때 마치 넓은 연꽃 잎사귀가 연꽃을 받치듯, 두 손을 모아 무언가 소중하게 받들어 올리는 제스처를 취해 보는 것이다. 툭툭 던지는 듯한 무거운 어미처리를 상대방에게 마치 꽃다발을 안기듯 말하는 방식으로 바꿔주는 연습법이라 할 수 있다.

왕관을 쓰려는 (두 손을 모아 위로 올리며) 재! 그 무게를 견뎌 (두 손을 모아 위로 올리며) 라!

보고 싶다는 말 (두 손을 모아 위로 올리며) 이 진짜 보자는 뜻은 아니었구 (두 손을 모아 위로 올리며) 나!

나 (두 손을 모아 위로 올리며) 이! (두 손을 모아 위로 올리며) 나! 이만큼 살았 (두 손을 모아 위로 올리며) 어!

9. 사투리 교정의 열세 가지 비법

사투리는 우리의 삶을 다양한 색깔로 보다 풍성하게 만드는 정겹고도 편안한 말이다. 나는 초, 중학교를 부산에서 다녔고, 부산경남지역의 SBS 채널인 KNN 방송국과 충주, 청주MBC 등의 아나운서로 경상도와 충청도 지역에서 오래 근무했기에 사투리가 무척 친숙하다. 대구 출신이신 아버지, 어머니께서는 아직도 부산에 거주하시고, 결혼을 하고 나니 남편은 물론 시아버님, 아주버님이 부산 토박이, 시어머님은 울산, 그 외 시어른들이 모두 대구, 밀양, 함안, 경주 분들이신 터라 사투리는 이제 더욱 편하고 익숙한 말이 되었다.

어린 시절 대구 큰아버지 댁에 가면 사촌 오빠, 언니들이 애교를 섞어 "할매애~"라고 부를 때의 그 말투가 참 듣기 좋았던 기억이 난다. 시댁 어른들께서 "어서 온나, 수고했데이." "아이고, 고맙구로~ 고오~맙습니다." 하며 기뻐하시는 목소리도 늘 정겹다.

하지만 지역색이 강한 사투리는 영업, 발표, 면접과 같은 공식적인 자리나 대중을 상대로 하는 스피치 등에는 적합하지 않아 교정을 희망하는 분들이 꽤 많다. 불특정 다수에게 나의 주장과 정보를 가장 효과적으로 전달하려면, 모두가 쉽게 이해할 수 있는 표준 발음이어야 한다. 그래야만 타지역 사람들도 아무런 거슬림 없이 스피치 내용 자체에 집중, 몰입할 수 있기 때문이다.

그래서 내가 운영하는 오프라인 수업과 인강 사이트, 블로그에는 지난 수년간 사투리를 고치고자 하는 취업 준비생과 직장인, 지역의 아나운서 준비생들의 발길이 끊이지 않았다. 처음에는 심한 전라도 사투리, 경상도 어조를 가진 학생들 중에서도 표준 발음 수업을 통해 성공적인 취업은 물론이고 아나운서나 기상캐스터 등으로 방송국 입사의 꿈을 이룬 이들도 많다. 당신도 할 수 있다!

지금부터 사투리와 표준말이 어떻게 다른지 그 차이점부터 자세히 설명한 뒤, 사투리를 서울말로 변화시킬 수 있는 열세 가지 비법들을 소개하겠다. 사투리를 고치고 없애야 할 대상으로 여기라는 것은 결코 아니다. 사투리 교정 방법을 익힘으로써 사투리와 표준말 두 가지 모두에 능한 사람이 되어 공적인 자리라면 되도록 내 말의 전달력과 이해도를 높이고자 표준어를 쓸 수 있도록 하자는 것이 바로 이 장의 목표다.

사투리를 사투리로 들리게 하는 요인은 무엇일까? 첫 번째, 방언 사용자들에게는 '연음'이 잘 이뤄지지 않는다는 공통점이 있다. 연음이란 어떤 받침 뒤에 모음이 올 때, 앞의 받침을 바로 뒤 음절로 옮겨 발음해야 한다는 일종의 표준 발음 법칙이다. 예컨대 서울 사람들은 '민영이'를 부를 때 니은 받침을 뒤 모음으로 옮겨 [미녕이]라고 부드럽게 연음하는 반면 사투리에서는 '민'과 '영' 두 음절을 분리해 각각을 따로 읽는 바람에 [민/영이]가 곧 [민녕이]처럼 들리게 된다. 니은이 덧나 총 두 번 들어가게 되는 셈이다. 교정을 위해서는 '민'을 발음할 때 니은 받침 음가는 완전히 빼서 [미]라고만 소리낸 뒤 [녕이]를 붙여야 한다. 니은 음가가 불필요하게 한 번 더 추가되지 않도록 하는 것이 관건이다. '월요일' 역시 리을 받침이 바로 뒤 모음 '요' 자리로 옮겨져 [워료일]이 되어야지 [월/요일]로 각각을 발음해 [월료일]로 들리지 않게 하자.

앞서 말했듯이 경상도 출신의 우리 가족들이 만나는 자리가 내게는 늘 발음 연구를 할 수 있는 절호의 기회다. 그래서 나는 가족 모임 때마다 '사투리 기록 노트'를 가져가 생활 속에서 듣게 되는 발음 예시들을 모두 꼼꼼하게 적고, 교정을 위한 자료들로 삼곤 한다. 아나운서 아카데미에서도 광주나 목포, 전주, 여수 등에서 올라온 아나운서 지망생들을 만날 때면 서울 표준 발음과 차이가 나는 단어, 어구들을 잘 기록해둔다. 아래 예시들은 그렇게 실생활에서 차근차근 수집해 온 소중한 자료들이다. 함께 연습해 보자.

▌사투리 교정의 비법 1. 연음 시키기

안양 [안냥] × → [아냥] ○

금융 [금늉] × → [그륭] ○

분야 [분냐] × → [부냐] ○

절약 [절략] × → [저략] ○

참여 [참녀] × → [차며] ○

촬영 [촬령] × → [촤령] ○

남용 [남농] × → [나몽] ○

활약 [활략] × → [화략] ○

감염 [감념] × → [가몀] ○

함양 [함냥] × → [하먕] ○

민영이 [민녕이] × → [미녕이] ○

은영이 [은녕이] × → [으녕이] ○

월요일 [월료일] × → [워료일] ○

만약에 [만냐게] × → [마냐게] ○

금요일 [금뇨일] × → [그묘일] ○

필요하다 [필료하다] × → [피료하다] ○

남양주시 [남/양주시] [남냥주시] × → [나먕주시] ○

언양불고기 [언냥불고기] × → [어냥불고기] ○

시 전역에서 생긴 일 [시 전녁에서 생긴 일] × → [시 저녁에서 생긴 일] ○

두 번째, 1번처럼 자음 받침이 모음을 만나 연음되어야 하는 상황 외에도 사투리 사용자들은 하나의 단어, 어구를 이루는 대개의 음절들을 분리해서 딱딱 끊어 발음한다는 것이 표준어와 큰 차이점이다.

사투리 발음만의 이런 특성은 이응 두 개가 만나는 단어에서 가장 뚜렷이 나타난다. 대표적인 예로 강원도 양양군을 발음해 보라고 하면 지역 출신들은 [양/양]으로 두 음절을 확실히 끊어 발음해 [양냥]에 가까운 소리를 내는 반면 서울 토박이들은 '양'의 이응 받침과 뒤 음절 '양'이 거의 붙어서 [야ㅇ양] 같이 아주 부드러운 소리를 낸다. 예컨대, '경영' '중요' '농약' 등은 두 음절로 이뤄져 있지만 그 음절들은 결국 하나의 의미 단위이므로 음절 각각을 분리하지 말고 가급적 붙여 한번에 부드럽게 발음하도록 하자. 집게손가락을 들고 좌에서 우로 포물선이나 동그라미 모양을 그려가며 손동작에 음성을 일치시켜서 한번에 후루룩 붙여 읽는 연습을 하면 매우 효과적이다.

▌ 사투리 교정의 비법 2. 붙여서 발음하기

중요 [중/요] [중뇨] × → [주우ㅇ요] ○
농약 [농/약] [농냑] × → [노오ㅇ약] ○
양양 [양/양] [양냥] × → [야ㅇ양] ○
영양소 [영/양/소] [영냥소] × → [여어ㅇ양소] ○
동영상 [동/영/상] [동녕상] × → [도옹영상] ○
경영학과 [경/영/학꽈] [경녕학꽈] × → [겨어영학꽈] ○
옹달샘 [옹/달쌤] × → [오옹달쌤] ○
용연공장 [용년공장] × → [요ㅇ연공장] ○
불협화음 [불/협/화/음] [불렵화음] × → [불협화음] ○

세 번째, 사투리 발음을 교정하고 싶다면 음운 축약을 습관화하

자. 음운축약은 두 음운이 합쳐져서 하나로 줄어 소리 나는 현상인데 표준어 사용자들은 굳이 의식하지 않고도 일상에서 자연스럽게 구사를 하는 반면, 지역 출신들은 교정 초반에는 의식적인 노력을 통해 실천해야 하는 부분이다. 예사소리 [ㄱ. ㄷ. ㅂ. ㅈ]이 [ㅎ]을 만나면 거센소리[ㅋ. ㅌ. ㅍ. ㅊ]으로 발음이 난다. 그래서 '법학' '수납할게요'는 [버팍], [수나팔께요]로 소리내야 하지만 전라도와 경상도에서는 거의 모든 사람들이 [버박] [수나발께요]로 거센소리가 아닌 평음으로 발음하는 것을 볼 수 있다. 한번은 전라도에서 사투리 고민 상담을 위해 전화를 주셨다는 분께서 "제가 사투리로 말하는 것 같아서 늘 찝찝했어요. 찝찝해. [찝찌밴써요, 찝찌배]"라고 말씀을 시작하시기에 "발음 교정을 하고 싶으시면 일단 음운 축약부터 하셔야겠네요. [찝찌패]라고 해 보세요."라는 조언을 드린 적이 있다. 아래 예시들을 통해 음운 축약을 통한 거센소리 발음을 집중적으로 훈련하자. 다시 말하지만 사투리 교정을 위해서는 방법을 잘 배운 뒤 그대로 실천하려는 개인의 의식적인 노력이 가장 중요하다.

▌사투리 교정의 비법 3. 음운 축약해 거센소리 내기

법학 [버박] × → [버팍] ○
깨끗한 [깨끄단] × → [깨끄탄] ○
찝찝해 [찝찌배] × → [찝찌패] ○
섭섭해 [섭써배] × → [섭써패] ○
약하다 [야가다] × → [야카다] ○

곱하기 [꼬바기] × → [고파기] ○

급격히 [급껴기] × → [급껴키] ○

급하게 [그바게] × → [그파게] ○

갑갑하다 [까까바다] × → [갑까파다] ○

졸업하고 [조러바고] × → [조러파고] ○

도착해서 [도차개서] × → [도차캐서] ○

계획한대로 [계회간대로] × → [계회칸대로] ○

약해빠졌다 [야개빠졌따] × → [야캐빠졌따] ○

가입해주신 [가이배주신] × → [가이패주신] ○

노력했어요 [노려개쓰요] × → [노려캔써요] ○

수납할게요 [수나발께요] × → [수나팔께요] ○

충당을 못해 [충당을 모대] × → [충당을 모태] ○

생각해보신 뒤 [생가개보신 뒤] × → [생가캐보신 뒤] ○

국하고 밥하고 [구가고 바바고] × → [구카고 바파고] ○

몇 동 몇 호인가요 [며 똥 며 도인가요] × → [며 똥 며 토인가요] ○

　

네 번째, 지역에서는 모음 '에'와 '애' 발음이 거의 변별되지 않는
다. 물론 표준 발음 사용자들도 갈수록 '에'를 '애'와 비슷하게 발음
하는 경향이 있다고는 하지만, 사투리 발음에서는 '애'가 완전한 '에'
로 들리는 바람에 일반인들의 귀에는 표준 발음과 확실한 거리가 있
는 사투리로 분류되는 경우가 많으니 이 두 모음들에 신경 쓰자. 특
히 전라도에서 '대통령'이나 '내용'같은 단어를 말할 때 입을 옆으로
많이 찢고 혀가 원래 위치보다 앞으로 많이 나온 상태에서 [데통녕],
[네용]으로 잘못 발음하는 경향이 심한 편이다.

'에'와 '애'는 입 벌리는 정도에 차이가 있다. '에'는 윗니와 아랫니 사이에 손가락 한 개가 들어갈 정도의 틈이 나오도록 입을 옆으로만 조금 벌린다. '이'를 발음할 때보다 입의 가로 폭은 조금 줄이고 턱을 조금 아래로 내리면 '에'다. '애'는 윗니와 아랫니 사이에 손가락 두 개가 들어갈 수 있을 정도로 턱을 더 떨어뜨려 입을 상하로 크게 벌려야 한다. 잘 안 되는 사람은 '이-에-애-아'를 순서대로 발음해 보자. 입술의 가로 길이는 점점 줄어드는 대신 턱이 점차 아래로 내려가면서 위, 아래 입술이 벌어지는 것을 느꼈다면 성공이다.

여전히 두 발음이 혼동된다면 영어 발음을 예로 들어 쉽게 설명할 수도 있다. '애'는 영어의 [æ], '에'는 [ɛ]와 비슷하다고 설명하면 비로소 제대로 발음하는 사람들이 있다. 발음에 따라 뜻이 전혀 달라지는 단어들과 두 발음이 연속적으로 혼재되어 있는 문장으로 연습해 보자.

▌ 사투리 교정의 비법 4. '애'와 '에' 구분하기

애[æ] bad dan mass mat sat pan
에[ɛ] bed den mess met set pen

개 / 게
내일 / 네 일
재발 / 제발
개시 / 게시
대다 / 데다
배다 / 베다

샘 / 셈

물이 새다 / 물이 세다

모래 사장 / 모레 온다

재일 동포 / 제일 큰 집

할인 매장 / 할인 메장

시험에 대해서 자세히 설명해 주세요.

미국에서 제일 높게 세워진 대학교나 한국 대사관에 데려다 주세요.

다섯 번째, '어'와 '으'의 확실한 구분이다. 사투리 발음에서는 이 두 모음의 발음이 혼재되어 나타난다. 즉, 경상도에서는 증거[정거], 증폭[정폭], 겉모습[근모습], 걱정[극정], 적합한[즈캅한], 역시[으역 씨], 그 중에서도[거 중에서도], 마음만은 특별시다 [마음마는 턱뻘 시다]라고 발음하는 것을 자주 들을 수 있고 전라도 방언 사용자들 은 김대중 전 대통령 [김대중 즈언 데통녕], 무더운 날씨 [무드으운 날씨], 정부[즈엉부], 저기 [즈으기], 유행하고 있어요 [유행하고 이 쓰요], 성질하고는 [스응질하고는]이라 발음한다. 충청도 출신의 우 리 이모님 역시 '으'와 '어' 발음이 뒤섞여 예컨대, 서운한 맘이 없진 않지만 어이가 없기도 해 [서운헌 마미 읍찐 안치만 어이가 읍끼도 혀]라는 식으로 말씀하시는 것을 평소에 자주 들을 수 있다.

'으'와 '어'는 입을 벌리는 정도에 차이가 있다. '어'는 '으'보다 턱을 훨씬 내려 발음해야 한다. 따라서 표기 그대로를 잘 따르며, '으'는 '어'로, '어'는 '으'로 바꿔 발음하거나 '으'와 '어'가 섞인 발음을 내지 않도록 확실히 구분하자. '으'를 발음할 때는 입이 점점 벌어지며 아래 입술이 내려가지 않도록 턱의 위치를 고정하는 게 중요하다. '어' 모음은 턱을 한번에 내려 소리 내는 것이 관건이다. '으'에서 시작해 점점 '어'로 변해간다면 빼도 박도 못하는 사투리 발음이 된다.

▍사투리 교정의 비법 5. '어'와 '으' 명확히 구분하기

어

어제 [으제] × → [어제] ○

전화 [즈언화] × → [전화] ○

처리 [츠어리] × → [처리] ○

정작 [증작] × → [정작] ○

허리 [흐리] × → [허리] ○

법인 [브어빈] × → [버빈] ○

더럽게 [드릅께] × → [더럽게] ○

거대한 [그대한] × → [거대한] ○

언제까지 [은제까지] × → [언제까지] ○

미국에서 [미구게스어] × → [미구게서] ○

상담담당 선생님 [상담담당 슨생님] × → [상담담당 선생님] ○

무더운 날씨에 길이 미끄럽고 [무드어운 날씨에 기리 미끄르읍꼬] × →
   [무더운 날씨에 기리 미끄럽꼬] ○

저기요. 음식 갖고 장난치지 말지요! [즈기요. 음식 갇꼬 장난치지 말지요]
   × → [저기여. 음식 갇꼬 장난치지 말지요] ○

으

스님 [서님] × → [스님] ○

증권 [정꿘] × → [증꿘] ○

음료수 [엄료수] × → [음뇨수] ○

긍정적 [겅정적] × → [긍정적] ○

거짓말 [그진말] × → [거진말] ○

음악 선생님 [어막 슨생님] × → [으막 선생님] ○

흘러가는 구름 [헐러가는 구럼] × → [흘러가는 구름] ○

금메달과 은메달 [검메달과 언메달] × → [금메달과 은메달] ○

그림이 근사하다 [거리미 건사하다] × → [그리미 근사하다] ○

집이 근방이야 [지비 이 건방이야] × → [지비 이 근방이야] ○

친구들이 성원을 보냈다 [친구더리 성어널 보낻따] × →

　　[친구드리 성워늘 보낻따] ○

걸음걸이가 예쁘네 [거럼거리가 에쁘네] × → [거름거리가 예쁘네] ○

소녀시대의 노래를 들어보면 [소녀시대으 노래럴 덜어보면] × →

　　[소녀시대에 노래를 드러보면] ○

은행에서 근무하고 있습니다 [은행에서 건무하고 읻씀니다] × →

　　[은행에서 근무하고 읻씀니다] ○

　여섯 번째, 지나친 축약을 삼가는 것이다. '고등학교 수학 선생님'
이 [고다꾜 쏵 쌤]으로, '그게 니 꺼니? 이리 줘'가 "니끼가? 인도"로
축약되며 엄청난 경제성과 효율성을 자랑하는 것이 곧 사투리의 장
점이다. 타 지역 사람들이 듣거나 바라볼 때 재미가 있고, 우리 한글
이 지닌 다양한 매력이라는 점에는 동의하지만, 발음의 손쉬움과 편
리성보다는 정확한 표준어 구사를 우리가 당면한 최우선의 과제로
삼아야 한다. 아래 예시들을 표기법 그대로 읽는 연습을 해보겠다.

▍사투리 교정의 비법 6. 지나친 축약을 삼가기

궁둥이 [궁디] × → [궁둥이] ○

똥댕이 [똥띠] × → [똥땡이] ○

쌍둥이 [쌍디] × → [쌍둥이] ○

뭐한다고 [만다꼬] × → [뭐한다고] ○

수박 한 덩이 [수박 한 디] × → [수박 한 덩이] ○

저 차 나오려고 한다 [저 차 나올라 한다] × → [저 차 나오려고 한다] ○

손이 찹네 [소니 참네] × → [소니 차감네] ○

가르쳐주다 [갈차주다] × → [가르쳐주다] ○

되어버리다 [되삐따] × → [돼버리다] ○

들어가자 [드가자] × → [드러가자] ○

확 부숴버린다 [확 뽀사삔다] × → [확 부숴버린다] ○

쓰려고 하니까 [쓸라 큰께네] × → [쓰려고 하니까] ○

그렇다고해도 [글타캐도 / 그러타캐도] × → [그러타고해도] ○

어떻게해서든 [우짜든동 / 우짜든지간에] × → [어떠케해서든] ○

잃어버렸어 [이자뿌써] × → [이러버렷써] ○

왜 그렇게하는데 [왜 그카는데 / 와 그카는데] × → [왜 그러케하는데] ○

빨리 찾아봐 [빨 차자바] × → [빨리 차자봐] ○

안 입어버릴거야 [아니버뿔거야] × → [아니버버릴꺼야] ○

동훈아 [후나] × → [동후나] ○

누구보고 [누보고] × → [누구보고] ○

너희 어머니 [너거무이] × → [너희 어머니] ○

엄청 시원해요 [엄청 션해유] × → [엄청 시원해요] ○

빨리 오세요 [빨 와유] × → [빨리 오세요] ○

섭섭해요 [서퓨] × → [섭써패요] ○

일곱 번째, 어조에 큰 영향을 미치는 강세와 관련된 조언이다. 표준 발음은 첫 음이 크고 뒤로 갈수록 힘이 빠지는 반면, 사투리에서는 첫 음이 아니라 주로 세 번째 혹은 두 번째 음절에 강세가 들어간다는 차이점이 있다. '교보생명'이나 '하나은행'을 읽는다고 치면, 서울사람들은 첫 음절 '교' '하'에 힘을 주고, 사투리 사용자들은 '생'이나 '은' 과 같은 중간 음절에 갑자기 강세를 넣어 특유의 사투리 어조가 만들어진다는 말이다. 아래 단어들은 사투리 사용자들이 두 번째나 세 번째 음절에 강세를 주는 대표적인 예시들이다. 각 단어의 첫 음절을 발음할 때 박수를 치거나 턱에 힘을 넣어 고개를 끄덕이는 방식으로 강세의 위치를 어두로 변화시키는 훈련을 해본다.

▍사투리 교정의 비법 7. 첫 음절에 힘주어 발음하기

교보생명
계약사항
하나은행
정기예금
천장풍선장식
철원쑥개떡
영동용봉탕
정보통신
원숭이
없어요
열여섯

사연
영화
아름다운
맛있다
성형외과
송금되었다는
전화주신 분은
말씀드렸는데
보내드렸는데요
농촌진흥청 상설과학관의 많은 사람들

여덟 번째, 이응에 힘을 빼고 가급적 낮춰 발음하라는 조언이다. 첫 음절에 오는 이응을 발음할 때 톤이 급작스럽게 높아지고 불필요하게 많은 힘이 들어가는 것 또한 사투리만의 특징이기 때문이다. 아래 단어를 읽을 때 입술에 힘을 완전히 뺀 상태에서 낮은 이응 소리를 내도록 한다.

▌사투리 교정의 비법 8. 이응 소리 힘 빼서 낮추기

울산 / 인출 / 은행 / 입력 / 요리 / 이기요(이게) / 이마트 / 억양 / 에스케이 / 오백원 / 인덕원 / 2의 e승 / 음료수 / 인건비 / 이와 같은 / 아이들 / NCIS / 3년 이하의 징역 / 이 보험 같은 경우는 이 상품 자체가 알파라는 상품으로 / 오늘 아직 도착하지 않았다는 / 하나은행에서 우리은행으로 은행을 바꾸시는 겁니까?

아홉 번째, 특정 음절을 이유 없이 길게 늘여 발음하지 않도록 한다. 사투리만의 이 같은 특징은 주로 미음으로 시작하는 음절이나 모음 '우'가 들어간 단어에서 확인된다. 예컨대, '문자' '못하다' '미납' '운동' 등의 발음이 [무운~짜] [모오~타다] [미이~납] [우운동]으로 늘어지지 않게끔 짧게 끊어야 한다. 교정 초기에는 원고나 대본의 미음으로 시작되는 단어들을 모두 찾아 눈에 잘 띄는 색상의 펜으로 미리 표시를 해둔다. 그런 작업 후 비로소 읽기 시작하는 것도 큰 도움이 된다.

▋**사투리 교정의 비법 9. '우'나 '미음'과 결합된 모음 길게 발음하지 않기**

운동

부탁

몰라

소변 오래 못 참거나

장기간 미납되거나 보험료 미납시에는

저희가 문자 보냈는데 문자 내용은 혹시 확인하셨습니까?

유지를 오래 못하시거나 고객님께 맞게 상품 추천을 해드리고

열 번째, 불필요한 된소리 사용이다. 요즘에는 서울말 사용자들에게서도 된소리의 남용 사례들을 쉽게 확인할 수 있지만, 지역에서는 그 정도가 훨씬 더 심한 편이다. 아래 예시들을 보며 일상생활에서의 된소리 발음을 스스로 점검하자. 문제점을 인식한 후에는 확실히 고쳐 보겠다는 결심과 노력이 필수다.

▌사투리 교정의 비법 10. 불필요한 된소리 넣지 않기

과자 [까자] × → [과자] ○

굴 [꿀] × → [굴] ○

방법 [방뻡] × → [방법] ○

부러졌다 [뿔라진따 / 뿌러젿따] × → [부러젿따] ○

전화번호 [저놔뻐노] × → [전화번호] ○

두들겨 맞았다 [뚜디리 마잗따] × → [두들겨 마잗따] ○

알고 쓰냐고 [알고 쓰냐꼬] × → [알고 쓰냐고] ○

이래도 되냐고 [이래도 되냐꼬] × → [이래도 되냐고] ○

애슐리 [애쓸리] × → [애슐리] ○

여기 좀 두드려 줘봐 [여기 쫌 뚜디리 져바] × → [여기 좀 두드려 줘봐] ○

진짜로 [찐짜로] × → [진짜로] ○

말도 안해 [말또 안해] × → [말도 안해] ○

고소하더 [꼬시다] × → [고소하다] ○

두껍다 [뚜껍다] × → [두껍따] ○

개미 [깨미] × → [개미] ○

황색 [황쌕] × → [황색] ○

공식 [공씩] × → [공식] ○

호세리마 선수 [호쎄리마 선수] × → [호세리마 선수] ○

시다 [쌔그랍다] × → [시다] ○

열한 번째, 사투리 발음은 웬만한 모음들은 입이 움직이기 가장 편한 쪽으로 다 바꿔버린다. 바르고 정확한 표준발음의 구사에는 원래 힘이 많이 필요한 법이다. 모음 변형의 문제가 가장 자주 나타나는 단어들을 '아' '어' '여' '오' '으' '에'의 총 여섯 가지로 분류해 놓았다.

사투리 교정을 위해서는 모음의 임의적인 변형 없이 표기법 그대로 읽는 훈련이 필요하다.

▮ 사투리 교정의 비법 11. 모음의 변형 없이 표기 그대로 살려 발음하기

아

챔기름 / 챙기름 → 참기름

그런 경우두 많으니깨 → 그러는 경우도 많으니까

일이 바뻐 / 바빼 → 일이 바빠

바뻐요 제가 → 바빠요 제가

내 간디 → 나 간다

내 묵는디 → 나 먹는다

위치는 알어 → 위치는 알아

갠신히 통과해서 → 간신히 통과해서

친구 새길 시간도 없어요 → 친구 사귈 시간도 없어요

점수가 높기도 허고 때로는 비슷비슷 허고 → 점수가 높기도 하고 때로는
　비슷비슷 하고

면접에도 기술이 필요허대요 → 면접에도 기술이 필요하대요

곧 결혼식이 있는디 알어? → 곧 결혼식이 있는데 알아?

어

운제 / 원제 → 언제

그르셨어요 → 그러셨어요

워떠캬 → 어떡해

아부지 → 아버지

오데 → 어디

올매나 / 을마나 → 얼마나

오찌 그리 → 어찌 그리

합격 못했을 낍니다 → 합격 못했을 겁니다

잊아뿌리가 → 잊어버려서

실력이 없는기지 → 실력이 없는거지

이기 니끼가 → 이게 니꺼야

이기만 해도 반은 성공이다 → 이것만 해도 반은 성공이다

요즘 사업은 워떠 → 요즘 사업은 어때

확 좋아해 븐다 → 확 좋아해 버린다

해블라 → 해버릴라

그리나 저리나 → 그러나 저러나

여

행님 → 형님

밴화구 → 변화구

갱상도 → 경상도

빌로다 → 별로다

개드랑이 → 겨드랑이

다 틀릿다 → 다 틀렸다

그림 그리바 → 그림 그려봐

딱 들킷는데 → 딱 들켰는데

내 돈 돌리도 → 내 돈 돌려줘

갱기가 안 좋아가 → 경기가 안 좋아서

텔레비전 보믄 많이 나오잫여 → 텔레비전 보면 많이 나오잖아

맻 군데 원서를 넣었습니다 → 몇 군데 원서를 넣었습니다

선생님을 생각하믄 늘 고맙지요 → 선생님을 생각하면 늘 고맙지요

오

죠정된 지역 → 조정된 지역

죠건 → 조껀

서루 → 서로

삼춘 → 삼촌

실제루 → 실제로

어디루 → 어디로

인식하구는 → 인식하고는

괴기 → 고기

퇴끼 → 토끼

으

고마해라 → 그만해라

무신 이런 경우가 있나 → 무슨 이런 경우가 있나

머리를 디리밀고 → 머리를 들이밀고

모십이 → 모습이

내가 딱 알그든 → 내가 딱 알거든

에

아닌디, 사실이 그런디 → 아닌데, 사실이 그런데

어디서 왔겠슈 → 어디서 왔겠어요

지대루 → 제대로

근디 → 근데 / 그런데

이기 지역마다 좀 다른데요 → 이게 지역마다 좀 다른데요

시상세 → 세상에

열두 번째, 사투리는 표준어와 비교해 말이 다소 길고 늘어지는 경향을 보인다. 특정 음절이 불필요하게 추가되는 탓인데, 서울사람들이 "밥도 먹고, 영화도 보고, 옷도 사고 그리고 집에 왔어요."라고 할 것을 경상도 지역에서는 "밥도 먹고요, 영화도 보고요, 옷도 사고요, 그리고요 집에 왔어요."라고 늘여 말하는 것을 자주 보게 된다. '요' 외에도 지역과 개인의 특성에 따라 '은' '는' '를' 등을 남용하는 경향이 있으니 의미 없이 불필요하게 글자 수만 늘리는 음절의 사용을 경계해야 한다. 더불어 '날아가다'에 리을을 첨가해 '날라가다'로 발음하는 식의 특정 음운 추가도 사투리 사용자들이 없애야 할 습관이다.

▌사투리 교정의 비법 12. 은, 는, 를, 요, ㄴ, ㄹ의 사용 줄이기

입금해 주셨는 금액 → 입금해 주신 금액

지금까지 납입해 주셨는 금액은 → 지금까지 납입해 주신 금액은

납입하시면은 → 납입하시면

대출받으시면은 → 대출받으시면

수납이 되면은 → 수납이 되면

보장이 불가하니깐요 → 보장이 불가하니까요

팩스는 아직 도착 안했는 것 같은데 → 팩스는 아직 도착 안한 것 같은데

제가 썼는 말이 표준어가 아니라고요? → 제가 쓴 말이 표준어가 아니라고요?

밥도 먹고요, 영화도 보고요, 옷도 사고요, 그리고요 집에 왔어요 → 밥도 먹고, 영화도 보고, 옷도 사고 그리고 집에 왔어요

나중에 [난중에] × → [나중에] ○

날아가다 [날라가다] × → [나라가다] ○

기다려줘 [기달려줘] × → [기다려줘] ○

내가 쓰려고 [내가 쓸려고] × → [내가 쓰려고] ○

나중에 하려고 [나중에 할려고] × → [나중에 하려고] ○

이와 비슷한 맥락에서 걸쭉한 전라도 사투리로 큰 주목을 받았던 여수 출신의 배우 도희는 한 토크쇼에서 처음 상경했을 때 가급적 사투리가 표시나지 않도록 모든 문장을 짧게 줄여 말했다는 이야기를 털어놓은 적이 있다. 서울 지하철 환승에 특히 어려움이 많아 사람들에게 길을 물어봐야했는데 그때마다 '저기 …' '여기 …'라고 말끝을 흐리며 짧은 말들만 구사했다고 한다.

사투리를 감춰보겠다며 할 말도 제대로 못하고 신비주의가 되라는 것은 아니지만 말을 간결하게 하는 것은 사투리 교정뿐 아니라 표준어 사용시에도 해당되는 경제적이고 효율적인 언어사용을 위한 변치 않는 진리라고 할 수 있다.

끝으로 '평조' 연습을 자주 하자. 아나운서 준비생들이 아카데미에서 가장 먼저 배우는 것이 바로 평조 만들기인데 한 마디로 말을 한 음에 최대한 가깝도록 편평하게 펴서 안정적이고 절제된 억양을 만드는 것이다. 한 음으로 '랄랄랄랄라'를 읊거나 로봇의 기계음 흉내를 내며 '삐리비리비'라고 해보자. 그때의 억양이 가장 극단적인 평조다. 그 어조를 일상의 말에 입히는 방식으로 훈련하는 것이다.

평조 훈련은 사투리가 갖고 있는 다채로운 높낮이를 줄인다. 따라서 평소 아나운서들의 뉴스 리딩을 따라해 볼 것. 그럼으로써 크고

불필요한 고저는 없애는 대신 강조해야 할 핵심 단어에만 약간의
높낮이로 강조 넣는 법을 배울 수 있을 것이다.

▌ 사투리 교정의 비법 13. 평조 연습하기

랄랄랄랄라
삐리비리비 철이야 안녕
삐리비리비 영희야 안녕

아, 다행이네요!
연금에 대한 보험 중에 불입되는 기간에
저희는 안 되지만 다른 은행에서 그렇게 하실 수는 있는데 굳이 중도인
　출을 하시기 보다는
박재곤 기자가 보도합니다.
보도에 이봉재 기잡니다.
한서진 의학전문 기자가 취재했습니다.
한동훈 교수는 서로 조금씩 양보해야 한다고 말했습니다.
대한민국을 책임지고 있는 주부들, 요즘 물가로 인해 고민이 많습니다.
이 프로그램은 교보생명, 현대자동차, 주식회사 교원이 함께 합니다.

사투리 교정은 어렵다. 습관을 바꾸는 것이 힘들기 때문이다. 하
지만 어렵고 힘들다는 것은 쉽지 않다는 뜻이고 그것은 곧 불가능하
지 않은 충분히 가능한 일이라는 말이 되기도 한다. 누구나 사투리
교정을 할 수 있다. 습관을 바꾸려는 그 노력의 과정에서 지금까지
살펴본 열세 가지의 방법들이 당신에게 든든한 친구가 되어주기를
바란다.

10. 득음을 위해 인분을 먹었다고?
사랑에도 공부가 필요하다.

한때 판소리 명창을 꿈꾸는 사람들에게 폭포수는 필수 코스였다. 천상의 목소리를 얻고자 폭포의 굉음을 능가하고자 피를 토했다는 식의 이야기는 우리에게 매우 친숙하다. 한 전설적인 소리꾼의 일생을 다룬 TV 드라마를 보며 수련에 수련을 거듭하던 주인공이 마침내 시뻘건 피를 울컥울컥 쏟아내는 장면에 경악했던 기억도 난다. 심지어 명창이 되고자 득음을 위해 인분을 먹는 사람들도 실제 있었다고 한다. 성대의 열을 내리고 잠긴 목을 틔워주는 데는 인분만큼 좋은 것이 없다는 민간 속설 때문이란다. 좋은 목소리를 내고자 오랫동안 고민하고 연구해 온 아나운서로서 매우 의구심이 드는 실로 놀라운 일이 아닐 수 없다. 진실로 내 목소리를 소중히 여기고, 사랑해 주고 싶다면 제대로 된 공부부터 해야겠다.

첫째, 담배는 내가 목소리에 가할 수 있는 최악의 테러다. 담배의 백해무익함은 익히 알려져 있지만 특히 목소리가 중요하다면 담배를 금기시하자. 800℃에 달하는 담배 연기가 입안을 고온 건조하게 만들어 소중한 점액들을 사정없이 파괴하고, 염증을 일으켜 성대를 혹사시키기도 한다. 그래서인지 만성적인 기침에 시달리거나 늘 가래가 갈갈 끓는 흡연자들을 주위에서 쉽게 볼 수 있다. 단 몇 번의 흡연만으로도 호흡량이 감소하므로 담배는 반드시 끊거나 줄여야 한다.

둘째, 알코올, 카페인, 유제품, 당류 섭취를 자제한다. 중요한 말하기를 목전에 둔 상황에서는 잠시 멀리해야 할 음식물이 있다. 술은 트름을 유발시키기도 하고, 혈관을 확장시켜 성대 점막을 붓게 하며 입안을 마르게 한다. 커피, 녹차, 코코아 등 카페인이 들어 있는 음료 역시 목에 자극을 주고 체내 수분을 몸 밖으로 배출시킨다. 이처럼 건조한 상태에서는 결코 찰지고 기름진 목소리가 나올 수 없다. 우유나 요거트 등의 유제품도 점액질 상태로 성대에 끈적끈적하게 달라붙어 목소리를 탁하게 만들거나 잠기게 하므로 맑고 깨끗한 음성을 위해서는 잠시 피하는 게 좋다. 사탕이나 초콜릿, 과일 주스 등 당분이 들어간 음식은 입안에 침이 고이게 하므로 역시 좋지 않다. 차가운 멘톨 성분이 든 목캔디류를 달고 사는 것도 도움이 되지는 않는다.

그럼 도대체 무얼 먹을까? 따뜻한 물이다. 목소리는 성대의 진동으로 생기는데 성대 점막이 촉촉할수록 진동이 원활해진다. 바짝 마른 성대가 마찰하며 진동해야 하는 것처럼 가혹한 상황이 없다. 차갑거나 시원한 물은 성대를 오히려 건조하게 만드니 약간 따뜻한 물이 가장 좋다. 마치 달리기 선수가 경기 전에 다리에 찬물을 끼얹지 말아야 하는 것과 마찬가지다. 야구 경기 전 선발 투수가 재킷을 입어 어깨를 감싸고, 공연을 앞둔 발레리나가 토시로 다리를 덥히듯 따뜻한 물로 성대를 보호해 주자. 또한 물은 한꺼번에 많이 마시는 것보다는 조금씩 나눠서 수시로 마시는 것이 훨씬 효과적이다.

셋째, 목을 자주 쉬어주자. 평소 큰소리로 말하거나 빠른 속도로 쉼 없이 수다를 떠는 습관은 성대를 혹사시킨다. 노래방에서 악을 쓰며 고래고래 소리를 지르는 것은 가히 치명적이다. 따라서 노래방

마이크는 남에게 양보하고, 모임에서도 내가 떠들기보다 남의 말을 경청하며 성대를 보호하기로 한다. 때로는 침묵이 필요하다. 속삭임 역시 정상적인 발화 방식이 아니므로 목에 해롭다. 침묵은 금!

넷째, 신체의 에너지가 떨어지면 목소리의 파워가 함께 떨어지고 그것은 목소리를 통해 겉으로 고스란히 드러난다. 10~20대 젊은 군인과 오늘 내일, 오늘 내일 하시는 병약한 어르신의 목소리란 너무도 다르지 않은가? 또한 건강한 성인 중에서도 체구가 작고 바짝 마른 사람일수록 성량이 작고 울림이 약한 법이다. 목소리도 일종의 관악기이므로 호흡과 울림을 담당하는 부품들이 소리의 퀄리티를 결정한다. 그러니 폐활량과 신체 각 부분의 근육량을 키울 수 있도록 적절한 운동을 하는 것이 좋겠다. 실제로 나는 아나운서 아카데미에서 단 몇 주만에 돌연 목소리에 패기와 활기가 넘치는 남학생들을 여러 명 만나 보았는데, 도대체 그 사이 무슨 일이 있었던 거냐고 물으면 하나같이 "운동 시작했어요." "요즘 저 PT 받아요."라고 답한다.

다섯째, 목을 따뜻하게 하는 것도 중요하다. 겨울철이라면 목까지 올라오는 폴라티를 자주 입고, 여름에도 목이 아플 땐 손수건이나 스카프로 온도를 유지해 줄 것. 공연을 앞둔 가수들은 낮에는 물론 잠잘 때에도 항상 목에 수건을 두른다고 한다. 내 경험상 처음에는 불편해도 나중에는 없으면 오히려 허전하게 느껴진다.

여섯째, 밤에는 야식을 하지 않고 충분한 수면을 취한다. 잠자기 직전 섭취한 음식은 역류를 일으켜 목에 뭔가가 낀 듯한 이물감을 느끼게 하고 위산을 분비시켜 식도에 염증을 유발하기도 한다. 성대가 충분한 휴식을 취할 수 있도록 식사 후 소화가 된 상태에서 충분한 수면을 취하되, 낮 시간의 쪽잠은 오히려 목을 잠기게 하니 자제한다.

끝으로 약국과 병원에 간다. 목에 문제가 생겼는 데도 날계란·삼겹살 섭취, 사우나 가기 등의 잘못된 목 관리법으로 병을 더 키우는 경우가 적지 않다. 평소에는 예방이 최우선이지만 일단 이상이 느껴진 뒤에는 전문 병원을 찾아 정확한 진단과 처방을 받는 것이 가장 현명하다. 요즘에는 의료기기와 기술 발달로 이비인후과에서 저렴한 비용에 환자가 직접 자신의 성대를 보며 진료를 받을 수 있다.

이상의 방법을 보고 폭포수 수련, 인분 섭취 이상의 신통방통한 노하우를 기대했던 사람이라면 살짝 실망했을지도 모르겠다. 내가 보기에 가장 이상적인 목 관리법이란 'ㅋㄹㅂㅅㅇ ㄷㄱ'이다. 무엇의 약자인지 짐작 가시는지? '콜럼버스의 달걀'과도 같이, 당연한 소리 같지만 막상 실천하기는 힘든 것이 바로 올바른 목 관리법이 아닌가 한다. 공부를 잘 하려면 어떻게 해야 할까? 가수가 되고 싶다면? 요리 솜씨가 늘고 싶다면? 사실 방법을 전혀 몰라서, 길이 없어 목표를 이루지 못하는 경우란 이 세상에 별로 없다. 배우고 나서도 그 가르침을 스스로 실천해나가기 힘들 뿐이다. 이는 이 책 전체에서 줄곧 다뤄온 보이스 트레이닝에도 해당되는 말이다. 분명한 것은 어떤 유명 가수, 아나운서, 성악가들에게도 이 이상의 좋은 목 관리 지침은 없다는 사실이다. 소중한 내 목을 위해 당장 오늘부터 실천에 옮겨보자.

부록 1. 8단계 기본 보이스 트레이닝 연습표

※ 방송인 지망생, 현직 아나운서들이 본격적인 리딩 전, 목 풀기를 위해
사용하는 가장 기본적인 보이스 트레이닝 연습표입니다. 책 본문에서
배운 요령들을 적용해 총 8단계로 구성된 이 연습을 매일 꾸준히 실
시해 보십시오.

❶ 허밍 발성

음마~ (5초)

음마메미모무~ (10초)

음메미묘뮤므~ (한 톤 낮게 10초)

음미먀모뮤미~ (더 낮게 10초)

음마~ (최대한 낮고 길게)

❷ 스타카토 모음 발성

(한 음절마다 한 번씩 복식호흡으로 배를 불렸다가 넣으며)

아 / 에 / 이 / 오 / 우

아에 / 이오 / 우아 / 오우 / 에이 / 이오

아에이 / 이오우 / 우아애 / 에이오 / 이애오

아에이오 / 이애오우 / 우아에이 / 이애오아

❸ 이중모음 발성

(한 음절마다 한 번씩 복식호흡으로 배를 불렸다가 넣으며)

의의의 돼돼돼 과과과 와와와 회회회

최최최 봐봐봐 뒤뒤뒤 귀귀귀 외외외

뫼뮈뫄 뵈뷔봐 쇠쉬쇠 와위외

(한 번에 ×, 입술 모양을 두 번에 걸쳐 확실히 변화시키며 이중모음
을 정확하게) 귀 뉘 뒤 뤼 뮈 뷔 쉬 위 쥐 취 퀴 튀 퓌 휘

과 놔 돠 롸 뫄 봐 솨 와 좌 촤 콰 톼 퐈 화

회 푀 퇴 쾨 최 죄 외 쇠 뵈 뫼 뢰 되 뇌 괴

❹ 이중모음 받침 발성

(ㄴ은 받침 끝까지 정확히 누르며)

권 눤 둰 뤈 뭔 붠 쉰 원 줜 천 퀀 퉌 풘 훤

훨 퓔 퉬 퀄 철 젤 월 쉘 별 뭘 뤘 뒐 눨 궐

콸콸콸 환환환 퉝퉝퉝 퐘퐘퐘

❺ 오독없이 집중력 있게 발성

하파타카차자아 사바마라다나가

휴표탸캐체지오 서부마르더냐가

가누더로므비세애쟈쵸켜튜펴허

랄랄랄랄라 롤로롤로로 릴릴릴리릴

랄라랄 라라랄 랄리라 라리랄

랄라라랄 릴랄라라 랄랄라랄 라랄랄라

❻ 조음 단련 훈련

(입을 크게 벌려 정확하고 부드럽게 붙여읽기)

라즈류빌 미냐 밀러이

아깍 니녜쉬녜이 베스너이

브짐뉴 노취꾸 나루꼐

우미날 리우 믈라도이

브쎄르쩨 밀롄끼 드루쪽

좌르깔례치꺼 나루꼐

가례미쉬녜예 미냐

브 제례브냐흐 니 나이찌 찌볘 니그제

나 추쥐예 볘례가

후도줴스트벤뉘 빠슬랄 메냐

자슬루줼늬 아르찌스트 이딸꼬브닉

마르쉬 브스뚜쁠례늬예 끄라스나이

빼스니 레니누 빠웃 뻬아녜릭 땀이 둣

즈뵤즈드늬에 뿌찌

니 느나옛 춋찌야 똘꺼 또뜨

앞셴 초브 옆산 츄포

옥테루 시레이트 욱트로 쓰리에티

락셀 페달 룩셀 포댈

샘손 캐스칼 샴순 코시컬

캐플랫 터피 큐필룻 퍼포

패렌 스엣픈 퍼렁 시엘폰

멜살라 캐잇 토 무솔래 크악투

쭐리 엣비오 쭐르 앵피우

에이브러햄 야여뱰리험 판초빌라 팬츄블러

로얄 막퐈스 싸리톨 쥬피탈 캄퍄 큐을와화

셀레우 와파큐사 푸랜 마네퓨 슈멘헤워제

깅간후리와 디댜스코 바시례이아 게겐네탸이

페레스테랑 포론소폰 파라클레세오스 쏘테라이스

카탈루사유 마카리오스 에코루데산 디카이온순넨

퐐레로사잉 화프슈톨론 유라이놔스 아휘엔톼이

❼ 뻗어 나가는 발성 연습

안녕하십니까? 반갑습니다.

1. 무지개 발성법으로

2. 로케트 발성법으로

3. 투수 발성법으로

4. 베어풋 발성법으로

❽ 미소 훈련

1. 5단 웃음 훈련법

   • 으흠 → 그렇지 → 배시시 → 와이키키 → 와! 신난다~

2. 이예이예 반복법

   • 이(밝은 표정: 눈을 옆으로 찢어지게 웃기. 손 뒤로)

   • 예(신난 표정: 눈썹 올리며 눈을 동그랗게 뜨기. 손 앞으로. 에 X)

3. 레스토랑 주문법

   • Hey sexy! Pizza, Spaghetti, Cheese cake, please!

4. 눈썹운동법

   • 히히(눈썹 내리고) 히히(눈썹 올리고) 히히(내리고) 히히(올리고)

5. 6종세트법

   • "눈은 크게, 눈썹은 올리고, 머리는 옆으로, 손으로 U자를! 고개를 콩! 고개를 코오옹"

6. 미소밴 음성 연습

   • 안녕하십니까? 수험번호 1번 ○○○입니다.

   반갑습니다. ○○○입니다.

   환영합니다.

   감사합니다.

   늘 건강하시기 바랍니다.

   함께해 주신 여러분, 고맙습니다.

부록 2. 발음 연습 문장 모음

※ 인터넷에서 흔히 접할 수 있는 자료가 아니라 지난 10년 간 보이스 트
레이닝 강의 수강생들이 가장 어려워했던 단어, 대본 속 문장들만 차
곡차곡 모아 직접 만든 소중한 발음 연습 문장들입니다. 우리의 입도
실전에서 재빠르게 움직이려면 준비 운동이 필요합니다. 평소 자신의
조음기관을 단련하는 수단으로, 또 무대에 오르기 전 입 풀기를 위한
자료로 유용하게 쓰이길 바랍니다.

- 관광청 관광열차 기관사 곽환원 씨

- 로얄 뉴로얄 아파트 옆 창경원 창살은 쌍철창살

- 결합확률분포표와 누적확률분포표, 정규분포표평균

- 정형돈 심양홍 연경흠 엄원희 류승룡 홍상삼의 척추측만증

- 대한적십자사 지지자들이 모여 수수료율 인하를 촉구했습
니다.

- 철수책상 철책상을 새 철책상으로 바꿀까? 새 쇠책상으로
바꿀까?

- 농촌진흥청 농업과학관의 상설전시실과 특별전시회곤충생
태관 확충개관

- 편집성 정신분열증으로 인한 망상 및 환각 증가와 향정신
성 약물 생산현황

- 라디오 속 샹송가수의 샹송 가사가 랄라라라, 릴라라라, 랄 랄랄랄라, 라랄랄라

- 개인대상사회복지실천기술의 직접적과 간접적 개입기술에 관한 직간접적 관찰

- 화학, 과학교육활성화와 과학문화확산에 공헌한 교사에게 주어지는 과학교사상

- 로얄 뉴로얄 아파트 옆 철도청 창살은 쌍창살, 서울시청 신 청사 창살은 철창살

- 혼성중창단의 혼성중창, 혼성듀엣, 혼성중창단과 여성중창 단, 남성합창단과 남성중창단

- 도토리 든 돌이가 문을 도로록, 드르륵, 두루룩 아니면 도 루룩, 드로록, 두르룩 열었는가?

- 외국에서 외로움을 외치던 외설적인 외교관이 외삼촌, 외 손녀와 함께 외빈 외야석에 앉아있다.

- 우유성분 함유율은 칼슘함유량이 철분함유량보다 높은가? 철분함유량이 칼슘함유량보다 높은가?

- 도롱뇽 노래를 만들자 도레미파솔라시도도롱뇽 레롱뇽 미 롱뇽 파롱뇽 솔롱뇽 라롱뇽 시롱뇽 도롱뇽

- 왕위 계승 1순위인 찰스 왕세자가 관광객용 관람차를 타고

국립박물관과 국립미술관을 관광중이다.

- 벨기에 브뤼셀에서 이뤄진 스가 요시히데 일본 관방장관과 왕관중 중국 인민해방군부총참모장의 회담

- 로랑 파비우스 프랑스 외무장관이 밝힌 바샤르 알아사드 시리아 정권의 화학무기 프로그램 폐기 결정

- 초췌한 노르웨이인이 웬걸, 웨스트항공 귀빈석을 타고 오던 중 불의의 사고로 쇄골을 다쳐 왱왱 울었다.

- 뇌성이냐 노성이냐 소리 높여 외치던 뇌물 먹은 농촌진흥청 농예인이 뇌성 뇌일혈로 논길에서 쓰러졌다.

- 진실위 권고사항 이행 처리반 총리실 설치 이후 이뤄진 국무조정실의 진실위 권고사항 이행 추진계획 보고

- 천주교지지자협회와 적십자사지지자 모임, 구로구 시니어 팝스오케스트라는 현재 공원묘원 공연을 준비중입니다.

- 종국은 합성착향료와 합성착색료가 든 불량식품 대신 몸에 좋은 게살샥스핀과 안흥찜팥빵, 영동용봉탕을 챙겨 먹습니다.

- 경상북도가 국민기초생활수급자 및 차상위건강보험전환자를 위해 총 110여 억 원을 들여 구강건강증진 보건실을 설치하기로 했습니다.

- 앞집 팥죽은 붉은팥풋팥죽이고, 뒷집 콩죽은 햇콩단콩콩

죽, 우리집 깨죽은 검은깨깨죽인데 사람들은 햇콩단콩콩죽
깨죽 죽먹기를 싫어한다.

- 중국 공산당의 기관지 인민일보 자매지 환구시보는 중국의
한반도 전문가, 랴오닝성 사회과학원 뤼차오 연구원의 말
을 인용해 이같이 보도했습니다.

- 활화산마냥 화난 얼굴로 관광청의 환한 화환을 받은 환자
황환곽 씨와 서울시 서소문구 서소문동에 사는 신성수 씨
가 인천공항 입출국장을 나섰습니다.

- 분당 운중동 한국학중앙연구원에서 출발해 신분당선 환승
역과 신논현역 사이 관광안내소를 지나 열네 개 적십자사
지사를 둔 대한적십자사 본사를 방문한 관람객

- 우리 그룹의 이번 캄보디아 봉사는 깜퐁짬주의 오스와이
마을에서 이틀간 실시하고, 다시 깜퐁츠낭주 쏭마을 등에
서 하루씩 진행돼 총 4일간 진행됐습니다.

- 스투트가르트는 독일 남서부 바덴뷔르템베르크주에 자리
잡고 있는 도시입니다. 뷔르템베르크 백작이 거주했고 도
읍지로 발전한 도시였으나 프랑스의 침공으로 한때 쇠퇴했
습니다.

- 무르시 지지자들이 주축을 이룬 '정당성 지지를 위한 국민
연합'은 압델 파타 엘시시 전 국방장관이 44%의 지지율로

당선된데 대해, 무함마드 무르시 대통령을 축출한 쿠데타에 반대한다는 의미라고 주장했습니다.

- 그로할렘 브룬틀린 전 노르웨이 총리, 커티스 캐퍼로티 한미연합사령관 자비즈라자크 말레이시아 총리, 원주지청장과 원주지검 고위공무원이 벤로즈 백악관 국가안보회의 부보좌관의 뉴저지주 방문에 동행했습니다.

- 단일질환으로 사망률 1위인 뇌졸중은 치료가 조금이라도 늦어지면 심각한 후유증을 낳습니다. 또 서구화된 식습관으로 동물성 지방 섭취가 늘면서 뇌혈관이 터지는 뇌출혈로 인한 뇌졸중보다 혈관이 막히는 뇌경색에 의한 뇌졸중이 많아졌습니다.

- 오늘부터 여행유의를 의미하는 1단계에서 2단계로 조정된 지역은 방콕·논타부리주 전역과 빠툼타니주 랏룸께오구, 사뭇쁘라칸주 방필구 지역, 수린·시사켓주의 캄보디아 국경지역입니다. 태국 나라티왓·파타니·얄라주와 송크홀라주의 남부 말레이시아 국경지역 여행경보는 3단계인 여행제한으로 지정돼 있습니다.

- 정 회장의 의지에 따라 현대그룹은 입찰 보증금으로 1조 원에서 1원 빠진 9천 999억 9천 999만 9천 999원을 냈습니다. 자신의 이름에 있는 '구'를 열두 개나 연이어 써냄으로써 한

전부지 인수가 자신의 뜻임을 내비친 것입니다. 보증금은 입찰가의 5% 이상만 내면 되지만 현대차그룹은 이런 의지를 반영하듯 입찰가 10조 5천 500억여 원의 9.5%에 이르는 돈을 보증금으로 냈습니다.

• 세계박람회를 한국으로 유치하기 위한 장외 외교전이 뜨겁습니다. 정부가 박람회 유치활동을 위해 공식초청한 정상급 인사는 도미니카의 피에르 찰스 총리, 팔라우의 토미 레멩게사우 대통령, 세인트 킷츠 네비스 연방의 덴질 더글라스 총리, 벨리즈의 무사 총리, 나미비아의 하게 게인곱 총리 등 5명입니다. 미겔 앙헬 로드리게스 코스타리카 전 대통령, 빅토르 오르반 전 헝가리 총리와 각국 각료급 17명도 같은 이유로 초청됐습니다.

• 중국 당국은 지난 23일 양쯔강 유역에 건설중인 세계 최대의 수력발전소 프로젝트인 산샤댐 건설 공사 부패에 연루된 정부와 당관리 21명에 대해 파면, 당적 박탈 등의 징계를 내렸다고 관영 신화통신이 보도했습니다. 이 통신은 충칭시 펑두현 전 당서기 가오 룽먀오와 전 당부서기 천즈충이 산샤댐 건설지역 주민 이주비를 유용 또는 착복하거나, 불법 배정해 주고 금품을 받은 혐의 등으로 파면돼 당에서 축출됐다고 말했습니다.

- 영등포구 여의나루역 옛 여의나루 근처에서 붉은밭풋팥죽 대회가 열렸다고 합니다. 팥식이네 앞집 밤팥죽 씨는 붉은밭풋팥죽에 도전했고 뒷집 콩숙이네 홍콩죽 씨는 햇콩단콩콩죽에 도전했다고 합니다. 그리고 마지막 도전자 콩숙이네 옆집 깨숙이네 감깨죽 씨는 검은깨들깨통깨복합깨죽에 도전했다고 합니다. 그런데 대회를 관람하던 정형돈 씨가 붉은밭풋팥죽, 햇콩단콩콩죽, 검은깨들깨통깨복합깨죽에 모두 성공해 결국 우승 팥죽을 차지했다고 합니다.

- 국가총부채가 4천 8백조 원이 넘어 금리인상 등에 대비한 부채 관리가 시급한 것으로 나타났습니다. 한국경제연구원은 2015년 기준으로 국가총부채가 최대 4,835조 원으로 추정된다면서 국내총생산, GDP의 3.4배에 이른다고 밝혔습니다. 정부와 공공부문, 군인과 공무원 연금을 합친 국가 관련 부채가 1,959조 원에 이르고 가계부채는 963조 원, 기업부채는 1,913조 원으로 조사됐습니다. 앞서 기획재정부는 지난해 국회에 제출한 자료에서 2013년 국가총부채가 4,507조 원이라고 밝혔는데 이번 통계는 3백조 원 이상 많습니다.

- 오늘 새벽 정형돈 씨가 옆집 팥죽 붉은밭풋팥죽과 뒷집 콩죽 검은 콩죽을 먹고 음식값을 지불하지 않아 서울경찰청에 긴급체포 되었다고 합니다. 다음은 서울경찰청에서 남

긴 정형돈 씨의 한마디입니다. "저기 저 경찰청 창문 쇠철 창살은 녹슨 쇠철창살인가 녹 안슨 쇠철창살인가?"라고 말하자 옆에 있던 좀도둑 신현록 씨가 "저기 저 중앙청창살 쌍창살 시청창살 외창살 종합청사창살 겹창살"이라고 말해서 서울경찰청에서 때 아닌 경찰청 창살과 중앙청창살에 관한 논란이 벌어졌다고 합니다. 이에 서울경찰청에서는 "중앙청창살 외창살 시청창살 쌍창살 종합청사창살 쌍겹창살"이라고 공식 발표했다고 합니다.

- 지난 2014년 대형건축물에 대한 과밀부담금제도가 시행된 이후 올 7월말까지 총 2천 4백 72억여 원의 과밀부담금이 부과됐으나 겨우 63억여 원이 징수된 것으로 집계됐습니다. 서울시가 국회 건설교통위에 제출한 자료에 따르면 과밀부담금제 시행 이후 2014년 7백 85억여 원, 2015년 1천 7억여 원, 2016년 6백 79억여 원이 부과됐으며 이 중 각각 4억여 원, 38억여 원, 20억여 원이 걷혔습니다. 지금까지 부과된 과밀부담금은 구의동 테크노마트 빌딩이 1백 57억여 원으로 가장 많고, 다음으로 역삼동 현대사옥 1백 2억여 원, LG강남타워 84억여 원 등입니다. 이 밖에 50억 원 이상의 과밀부담금을 부과받은 건물은 을지로 두산타워 65억여 원, 여의도 한국산업은행 본점 63억여 원, 서초동 국제전자 유통센터 52억여 원 등입니다.